Karl-Heinz Fleckenstein

# Josef von Nazareth

Karl-Heinz Fleckenstein

# Josef von Nazareth

## Der Mann in der zweiten Reihe

Bernardus-Verlag 2022

Impressum

1. Auflage 2022

In der Verlagsgruppe Mainz

Printed in Germany

Bernardus-Verlag
Verlagsgruppe Mainz
Süsterfeldstraße 83
52072 Aachen
www.bernardus-verlag.de

Herstellung und Vertrieb
Druck & Verlagshaus Mainz
Süsterfeldstraße 83
52072 Aachen
www.verlag-mainz.de

Abbildungsnachweis (*Umschlag*):

https://commons.wikimedia.org/wiki/File:Bartolom%C3%A9_Esteban_Perez_Murillo_-_Holy_Family_with_the_Infant_St_John_-_WGA16368.jpg

ISBN-10: 3-8107-0356-7
ISBN-13: 978-3-8107-0356-9

Für meinen Sohn Emmanuel Josef.

*Mögest du wie dein Namenspatron*
*alle Situationen deines Lebens*
*mit großem Herzen meistern.*

# Inhalt

## Prolog

Papst Franziskus eröffnete im Dezember 2020 das Jahr des heiligen Josef. In seinem Eröffnungsschreiben fasste er die biblische Grundlage unseres Wissens über diesen gerechten Mann zusammen: »Alle können im heiligen Josef, diesem unauffälligen Mann, diesem Menschen der täglichen, diskreten und verborgenen Gegenwart, einen Fürsprecher, Helfer und Führer in schwierigen Zeiten finden. Der heilige Josef erinnert uns daran, dass all jene, die scheinbar im Verborgenen oder in der ›zweiten Reihe‹ stehen, in der Heilsgeschichte eine unvergleichliche Hauptrolle spielen. Ihnen allen gebührt Dank und Anerkennung.«

Wir wissen, dass Josef ein einfacher Bauhandwerker (Mt 13,55) und der Verlobte Marias war (Mt 1,18; Lk 1,27), bevor sie noch vor der Niederkunft Jesu heirateten. Er galt als »gerecht« (Mt 1,19) und war allzeit bereit, Gottes Willen zu tun, der sich ihm im Gesetz (Lk 2, 22.27.39) und durch Träume (Mt 1,20; 2,13.19.22) kundtat. Nach einer langen und beschwerlichen Reise von Nazareth nach Bethlehem war er zugegen, als der Messias in einem Stall geboren wurde, weil anderswo »kein Platz für sie war« (Lk 2,7). Er war Zeuge der Anbetung der Hirten (Lk 2,8–20) und der Sterndeuter (Mt 2,1–12), die das Volk Israel und die Heidenvölker repräsentierten. Er hatte den Mut, vor dem Gesetz die Rolle des Vaters Jesu zu übernehmen, und er gab ihm den vom Engel geoffenbarten Namen (Mt 1,21). Gemeinsam mit Maria stellte Josef vierzig Tage nach der Geburt im Tempel das Kind dem Herrn dar und hörte mit Staunen die Prophezeiung des Simeon über Jesus und Maria (Lk 2,22–35). Um Jesus vor Herodes zu beschützen, hielt er sich als Fremder in Ägypten auf (Mt 2,13–18). Nach seiner Rückkehr in die Heimat lebte er in der Verborgenheit des kleinen unbekannten Dorfes Nazareth in Galiläa, von wo man sich keinen Propheten und auch sonst nichts Gutes erwartete (Joh 7,52; 1,46). Als sie auf einer Wallfahrt nach Jerusalem den zwölfjährigen Jesus verloren hatten, suchten Josef und Maria ihn voller Sorge und fanden ihn schließlich im Tempel wieder, wo er mit den Gesetzeslehrern diskutierte (Lk 2,41–50).

Damit endet in der Bibel die Geschichte um Josef von Nazareth. Wir wissen nicht, wie es mit der Familie weiterging. Wir können es nur vermuten. Eines aber wissen wir: Als der Ehemann von Maria hat Josef eine unheimliche Toleranz bewiesen. Er war kein Mensch der vielen Worte, der erst eine Planungskonferenz einberufen musste. Er hat angepackt und gehandelt. Und er hat traumhaft genau das Richtige getan. Vielleicht steckt hinter dem Schweigen der Schrift sogar eine Einladung, unsere Fantasie spielen zu lassen. Über den Mann, der hinter Jesus und Maria stand. Über den Mann, der den Gottessohn großzog. Jeder kennt das gängige Bild von ihm, wie die Kunst es darstellt: Josef, der Zimmermann. Josef, der an der Krippe die Laterne hält und nur still und zurückhaltend in der Ecke steht. Josef, der Ziehvater Jesu. Josef als alter Mann mit dichtem Bart. Wie mag er wohl ausgesehen haben? Durch seine Herkunft aus dem südlichen Mittelmeerraum dürfte er dunkelhaarig und von nicht sehr großer Statur gewesen sein. Sein Beruf als Bauhandwerker – der griechische Urtext der Evangelien bezeichnet ihn als Tekton – weist auf einen kräftigen Körperbau hin mit starken Händen und Armen. Er dürfte auch in den besten Jahren und ziemlich gut bei Fuß gewesen sein. Wie hätte er sonst die langen Wanderungen von Nazareth nach Bethlehem, von Judäa bis Ägypten unternehmen können? Obwohl kein Wort von ihm überliefert ist, hat Gott durch ihn große Dinge getan.

Ich habe im Folgenden versucht, neben den Hinweisen aus dem Neuen Testament, neben glaubwürdigen Privatoffenbarungen, neben den apokryphen Evangelien und den archäologischen Erkenntnissen auch zwischen den Zeilen der biblischen Berichte zu lesen, und dabei das Leben des Josef von Nazareth nachempfunden und nachgezeichnet. Dabei stellte ich mit Überraschung fest, dass dieser einfache Bauhandwerker und wohl berühmtester Ziehvater der Geschichte auch heute noch unser Mann für alle Lebenssituationen ist. Lassen Sie sich im Folgenden von den Gesprächen mit ihm überraschen!

Karl-Heinz Fleckenstein

## Ein ungewöhnliches Eheversprechen

**Mit der Geburt Jesu Christi war es so: Maria, seine Mutter, war mit Josef verlobt. (Mt 1,18)**

*Josef, wie kam es, dass du damals mit Maria verlobt warst?*

Wir waren einander versprochen. Wie es damals nach jüdischer Sitte üblich war. Sobald Mädchen und Jungen als geschlechtsreif galten, wurden sie durch einen Ehevertrag verheiratet. Als Bräutigam hatte ich an meine Verlobte einen Brautpreis zu zahlen. Eine Art Versicherung für sie, wenn es zu einer Trennung kommen sollte. Unter dem rechtlichen Gesichtspunkt hatte die Verlobung dieselbe Tragweite wie die Eheschließung. Um sich mit einem Mädchen zu verloben, schickte man zuerst einen Vermittler, gewöhnlich den Freund des Bräutigams, zu den Eltern des Mädchens, um zu prüfen, ob sie Einwände gegen eine Ehe hätten. Stimmten die Eltern zu, so trafen sich die Väter, um die Einzelheiten zu besprechen. Nach einer erfolgreichen Vereinbarung zwischen den Vätern wurde die Verlobung im Familienkreis gefeiert. Die Verlobte galt nun als Gattin, und im Todesfall des Mannes wurde sie Witwe. Es folgte nun eine einjährige Zeitspanne, in der das Mädchen noch im elterlichen Haus blieb. Zwischen den Verlobten war in dieser Zeit ein intimes Zusammensein nicht gestattet. Wenn dieses Jahr vergangen war, fand die Hochzeit statt, und die Frau wurde in das Haus ihres Mannes geführt.

*Wie lief eure Hochzeitsfeier ab?*

Ich war 30 Jahre alt. Maria 16. Wir betraten einen noch zum Tempel gehörigen Saal mit schönem Fußboden, Vorhängen, Teppichen und mit Intarsien verzierten Möbeln. Einige Priester waren anwesend. Unter ihnen auch Zacharias. Alle in festlicher Kleidung. Plötzlich ein Trompetenstoß jenseits des Vorhangs! Alle schwiegen und stellten sich in Ordnung auf. Mit dem Blick zum Ausgang. Umgeben von den Ältesten trat der Hohepriester ein. Man verneigte sich tief. Dann begann der ehrwürdige Priester zu sprechen: »Ihr Männer aus dem Haus Davids, die ihr auf meine Einladung hier versammelt seid, hört zu! Der Allmächtige hat gesprochen. Er sei gepriesen. Von seiner Herrlichkeit ist ein Strahl herabgestiegen. Wie die Frühlingssonne hat er einem trockenen Zweig Leben gegeben. Auf wunderbare Weise begann er zu blühen. Obwohl kein Zweig heute in Blüte steht am letzten Tag von Chanukka, des winterlichen Lichterfestes. Gott hat gesprochen und sich zum Vater und Beschützer der Jungfrau Davids gemacht, die keinen anderen zum Schutz hat als ihn. Sie hat es verdient, dass durch ein Gotteswort der Name des Bräutigams bekannt wird. Ein Gerechter muss derjenige sein, der vom Herrn als ihr Beschützer erwählt wird! Somit mildert sich unser Schmerz, sie als Tempeljungfrau zu verlieren. Gleichzeitig wird uns jede Sorge um ihr Schicksal als Braut genommen. Der Name des Bräutigams ist Josef, der Sohn Jakobs aus Bethlehem, vom Stamm Davids, Baumeister im galiläischen Nazareth.«

Damit rief mich der Hohepriester mit einer einladenden Geste zu sich. Stimmengewirr. Köpfe drehten sich nach mir um. Augen und Hände wiesen auf mich. Ich wurde rot und verlegen, als ich hervortrat. Der Hohepriester erhob die Hände und sprach: »Sie ist nicht reich, deine Braut. Du weißt es. Aber sie ist reich an Tugenden.

Sei ihrer immer mehr würdig! Es gibt keine Blume in Israel, die so lieblich und rein ist wie sie.« Dann wandte er sich an Zacharias. »Als ihr Verwandter führe die Braut herbei!« Ich stand mit gesenktem Haupt neben dem majestätisch aussehenden Würdenträger.

*Die blühende Lilie am letzten Tag von Chanukka, des winterlichen Lichterfestes, war das sichtbare Zeichen von Josefs Auserwählung.*

*Der Hohepriester erhob die Hände und sprach: »Sie ist nicht reich, deine Braut. Du weißt es. Aber sie ist reich an Tugenden. Sei ihrer immer mehr würdig!«*

Ein kurzes Schweigen. Dann sagte er zu mir: »Maria hat dir ein Gelübde zu bekennen. Hilf ihr in ihrer Schüchternheit! Sei gut zu ihr!« Ich erhob mein Haupt und sah dem Hohepriester jetzt voll ins Gesicht.

»Ich werde meine Mannhaftigkeit in ihren Dienst stellen. Kein Opfer für sie wird mir zu schwer sein. Sei dessen versichert!« Maria trat jetzt mit Zacharias hinzu.

»Komm, Maria!«, sagt der Hohepriester. »Siehe deinen Bräutigam, den der Allmächtige für dich bestimmt hat. Es ist Josef von Nazareth. Der Herr möge euch behüten und segnen! Er möge sich euch zeigen und jederzeit Erbarmen mit euch haben! Er möge euch sein Antlitz zuwenden und euch seinen Frieden schenken!« Nun standen wir beide Brautleute uns einander gegenüber. Maria mit leicht errötetem Gesicht und geneigtem Haupt. Auch ich errötete und suchte nach den richtigen Worten. Nach anfänglichem Stottern fand ich sie. Ein leuchtendes Lächeln überstrahlte das Gesicht meiner Braut.

Dann kam es wie ein Wasserfall von meinen Lippen: »Ich erinnere mich noch an den Abend, an dem du geboren wurdest. Ein gewaltiger Regen trommelte auf die ausgedorrten Felder, begleitet von einem heftigen Gewitter. Alles endete mit dem größten und buntesten Regenbogen, den ich je gesehen habe. Wie erinnere ich mich an die Freude deines Vaters Joachim! Er zeigte dich überall seinen Nachbarn. Er bewunderte dich wie eine Blume, die vom Himmel gekommen war. Und erst deine Mutter Anna! Sie erfüllte mit ihrem Singen jeden Winkel in ihrem Haus. Wie eine Lerche im Frühjahr. Wer hätte mir damals sagen können, dass ich dich einmal zur Braut haben werde!« Maria erhob langsam ihr Gesicht. Sie wurde immer unbefangener, als sie mich so reden hörte. Während ich von ihrem Vater sprach, reichte sie mir die Hand.

»Danke, Josef!« Ein schüchternes und sanftes Danke. Ich nahm das Lilienmädchen in meine starken Arme und drückte es voller Liebe fest an mich. Immer noch hielt ich den blühenden Zweig des Mandelbaumes in der Hand.

»Sieh ihn hier, Maria! Mit ihm gebe ich dir mein Herz, das bis heute nur für den Herrn geblüht hat. Nun blüht es für dich, meine Braut.« Zutiefst gerührt nahm Maria den

Zweig und blickte mich mit einem festen und strahlenden Blick voller Vertrauen an. Als ich sagte: »Ich bin Nazoräer, also ein Gottgeweihter«, leuchtete ihr Gesicht förmlich auf. Sie fasste Mut.

»Auch ich gehöre ganz Gott an, Josef. Ich weiß nicht, ob der Hohepriester es dir gesagt hat.«

»Er hat nur gesagt, dass du gut und rein seist«, erwiderte ich. »Dass du mir von einem Gelübde reden wollest und dass ich gut mit dir sein soll. Sprich, Maria! Ich will dich glücklich machen in all deinen Wünschen! Sieh in mir nicht nur den Bräutigam! Vertraue mir wie einem Vater! Wie einem Bruder!« Da offenbarte Maria mir ihre Seele.

»Seit meiner Kindheit habe ich mich dem Herrn geweiht. Ich weiß, dass man so etwas in Israel nicht tut. Aber ich hörte eine Stimme, die meine Jungfräulichkeit als Opfer forderte. Aus Liebe zum kommenden Messias. Schon so lange wird er erwartet in Israel! Es ist für mich nicht zu viel, um seinetwillen auf die Mutterschaft zu verzichten!« Ich konnte in ihrem Herzen lesen. So nahm ich ihre beiden kleinen Hände, die noch den aufgeblühten Mandelzweig hielten.

»Auch ich vereinige mein Opfer mit dem deinen, auf dass der Allmächtige der Welt den Erlöser schneller schicken möge. Ich werde nach Nazareth gehen und in meinem Haus alles für dich vorbereiten. Ich will es schön gestalten, dass du dich dort wohl fühlen kannst. Wann soll ich dich zu mir holen?«

»Wann du willst, Josef.«

»Komm, Maria! Gehen wir, um dem Allerhöchsten zu sagen, dass wir ihn lobpreisen!«

## Eine unerwartete Entdeckung nach einem Verwandtenbesuch

**In diesen Tagen machte sich Maria auf den Weg und eilte in eine Stadt im Bergland von Judäa. (Lk 1,39–40)**

*Josef, hast du eigentlich Maria auf ihrer Reise zu ihrer Kusine Elisabeth begleitet?*

Natürlich. Ich hätte es niemals verantworten können, dass Maria diese Drei-Tage-Reise allein von Galiläa über das judäische Bergland nach Ain Karem allein unternahm. Als sie mir mitteilte, sie wollte Elisabeth bei der Vorbereitung ihrer Niederkunft behilflich sein, war ich schon etwas erstaunt, denn ich fragte mich, woher konnte sie von der Schwangerschaft ihrer Verwandten wissen? Damals gab es ja weder WhatsApp noch Telefon. Auch mit Rauchsignalen eine Botschaft weiterzugeben, klappte es nicht besonders gut. Außerdem hatte ich nicht die geringste Ahnung von der Begegnung meiner Verlobten mit dem Engel Gabriel. Als die Magd ihres Herrn bewahrte Maria demütig ihr Geheimnis. Ich wollte auf keinen Fall neugierig nachbohren. Nun traten wir gemeinsam die Reise an. Ich hatte mir einen Esel als Reittier für Maria gekauft. Sie trug ein graues Kleid mit einem Gürtel und einem gelblichen Kopftuch. Wir kamen ziemlich schnell voran.

Die erste Nacht verbrachten wir in einer Holzhütte, die vom üppigen Grün mit schönen weißen Blüten überwachsen war und für Reisende offenstand. Das Sommerhaus des Zacharias lag auf einem Weinberg. Andere Häuser gruppierten sich darum.

*Josef hatte einen Esel als Reittier für Maria gekauft.*

*Im Sommerhauses von Zacharias in den damaligen Weingärten des Dorfes Ain Karem wurde die Begegnung zwischen Elisabeth und Maria zu einem Freudenfest.*

Unweit davon sprudelte munter eine Quelle. Zacharias war von den Osterfeierlichkeiten im Tempel von Jerusalem nach Haus zurückgekehrte. Elisabeth hatte im Traume erkannt, dass Maria die Mutter des verheißenen Messias werden sollte.

Sie sehnte sich so sehr nach ihr. So saß sie vor ihrem Haus, wagte aber kaum mit unserem Kommen zu rechnen. Als sie uns jedoch schon von der Ferne erblickte, sprang sie auf und lief uns voller Freude ein Stück des Weges entgegen.

*Josef sah ein Leuchten in Maria, das wie ein Lichtstrahl zu Elisabeth überging, worauf diese sichtlich gerührt ausrief: »Gesegnet bist du unter den Frauen!«*

Elisabeth war eine große, betagte Frau mit feinen Gesichtszügen. Ihr Kopf war mit einem weißen Tuch verhüllt. Die beiden Frauen umarmten sich herzlich. Ich sah ein Leuchten in Maria, das wie ein Lichtstrahl zu Elisabeth überging, worauf diese sichtlich gerührt ausrief: »Gesegnet bist du unter den Frauen und gesegnet ist die Frucht deines Leibes. Wer bin ich, dass die Mutter meines Herrn zu mir kommt? Denn siehe, in dem Augenblick, als ich deinen Gruß hörte, hüpfte das Kind vor Freude in meinem Leib. Und selig, die geglaubt hat, dass sich erfüllt, was der Herr ihr sagen ließ (Lk 1,43–45).«

Da kreuzte Maria die Hände vor der Brust und rief voller Freude aus: »Meine Seele preist die Größe des Herrn und mein Geist jubelt über Gott, meinen Retter. Denn auf die Niedrigkeit seiner Magd hat er geschaut. Siehe, von nun an preisen mich selig alle Geschlechter. Denn der Mächtige hat Großes an mir getan und sein Name ist heilig. Er erbarmt sich von Geschlecht zu Geschlecht über alle, die ihn fürchten. Er vollbringt mit seinem Arm machtvolle Taten: Er zerstreut, die im Herzen voll Hochmut sind; er stürzt die Mächtigen vom Thron und erhöht die Niedrigen. Die Hungernden beschenkt er mit seinen Gaben und lässt die Reichen leer ausgehen. Er nimmt sich seines Knechtes Israel an und denkt an sein Erbarmen, das er unsern Vätern verheißen hat, Abraham und seinen Nachkommen auf ewig« (Lk 1,47–55). Arm in Arm erreichten die beiden Frauen das Haus. Ich übergab den Esel einem Knecht und ging durch eine offene Halle zu Zacharias, um den alten, ehrwürdigen Priester zu grüßen. Dieser küsste mich auf beide Wangen und schrieb auf ein Täfelchen: »Herzlich willkommen!« Denn er blieb, seit der Engel ihm im Tempel erschienen war, stumm. Ich unterhielt mich mit ihm über die Naherwartung des Messias und die Erfüllung der Prophezeiungen. Er antwortete mir mit Zeichen oder schriftlich. Maria und Elisabeth saßen im Garten auf einem Teppich unter der Trauben-Laube und unterhielten sich angeregt. Dahinter befand sich ein Ziehbrunnen. Ich wollte gleich wieder nach Nazareth zurück. Doch Zacharias und Elisabeth baten mich, doch länger zu bleiben.

*Hattest du damals schon eine Ahnung von der Schwangerschaft deiner Braut?*

Keineswegs. Maria und Elisabeth schwiegen sich darüber aus. Ich hatte nur den Eindruck, dass sie tief in ihrem Innern ein Geheimnis hüteten.

*Wie war Maria mit Elisabeth im Haus beschäftigt?*

Mir schien, dass meine Braut nicht nur gekommen war, um das Magnifikat zu singen, sondern im Haushalt fest mitzuhelfen. Sie bereitete alles für das erwartete Kind vor. Sie strickte mit ihrer Kusine an einer großen Decke als Lagerteppich für Elisabeths Niederkunft. Darin konnte sie sich als Wöchnerin mit ihrem Kind ganz einwickeln. Sie bereitete Polster vor. Darauf konnte Elisabeth nach Wunsch aufrecht sitzen oder liegen. Außerdem backten die beiden Frauen allerlei Gebäck, um es bei der Geburt des Kindes an Bedürftige zu verschenken.

*Wann seid ihr wieder nach Nazareth zurückgekehrt?*

Wir blieben drei Monate und griffen Elisabeth und Zacharias tatkräftig unter die Arme. Es war ein rührender Abschied. Maria und Elisabeth umarmten sich, indem sie sich fest ans Herz drückten. Dann schieden wir voneinander und ruhig und voller Zuversicht einem neuen Morgenrot entgegen. Als wir etwa die Hälfte des Weges nach Nazareth zurückgelegt hatten, bemerkte ich an ihrem gerundeten Leib, dass Maria schwanger war. Sorgen und Zweifel wollten mich überwältigen. Hatte sie doch in schüchterner Demut das Geheimnis Gottes für sich bewahrt. So blieb ich weiterhin beunruhigt und kämpfte schweigend gegen meine Zweifel an.

## Eine beunruhigende Frage: Wie kommt die Jungfrau zum Kind?

**N**och bevor sie zusammengekommen waren, zeigte sich, dass sie ein Kind erwartete – durch das Wirken des Heiligen Geistes. Josef, ihr Mann, der gerecht war und sie nicht bloßstellen wollte, beschloss, sich in aller Stille von ihr zu trennen. Während Josef noch darüber nachdachte, siehe, da erschien ihm ein Engel des Herrn im Traum und sagte: Josef, Sohn Davids, fürchte dich nicht, Maria als deine Frau zu dir zu nehmen; denn das Kind, das sie erwartet, ist vom Heiligen Geist. Sie wird einen Sohn gebären; ihm sollst du den Namen Jesus geben; denn er wird sein Volk von seinen Sünden erlösen. Dies alles ist geschehen, damit sich erfüllte, was der Herr durch den Propheten gesagt hat: Siehe: Die Jungfrau wird empfangen und einen Sohn gebären und sie werden ihm den Namen Immanuel geben, das heißt übersetzt: Gott mit uns. Als Josef erwachte, tat er, was der Engel des Herrn ihm befohlen hatte, und nahm seine Frau zu sich. (Mt 1,18–24)

*Josef, was für ein charakterlicher Typ warst du eigentlich?*

Ich war eher schweigsam, ein mehr zurückhaltender Typ. Ich arbeitete in meiner Werkstatt langsam und bedächtig und dachte mir meinen Teil. Ich war als zuverlässig bekannt. Ich ging treu in den Synagogen-Gottesdienst. Wenn ich etwas sagte, dann hatte ich mir das reiflich vorher überlegt. Eigentlich war ich nicht der Typ spontaner Aktionen. Alles musste wohl überdacht sein. Ich hatte Hemmungen, offen über Fragen und Probleme zu reden.

*Das musste ja wie der Blitz aus heiterem Himmel bei dir eingeschlagen sein, als du entdecktest, dass deine Maria schwanger war.*

Das traf mich tief. Ich fühlte mich total verletzt. Allem Anschein nach war sie fremdgegangen. Sie hatte mich betrogen. Das hätte ich ihr nie zugetraut. Wäre ich doch bereit gewesen, für sie meine Hand ins Feuer zu legen. Ich besprach die Schwangerschaft mit keinem einzigen Menschen. Nicht einmal mit Maria. Kein zorniges Wort zu ihr. Keine Vorhaltungen. Erst musste ich mit mir ins Reine kommen und alles auf die Reihe bringen.

Ich wollte mich auf keinen Fall heimlich davonmachen, sondern eine private, stille Scheidung anstreben. Mein erster Gedanke: »Ich war's nicht. Wer dann?! Wenn das schon so anfängt, soll ich dann nicht lieber gleich die Beziehung beenden?« Wie kann ich dir meine Gedanken, die Niedergeschlagenheit und die Verwirrung beschreiben, die mit kalten langen Krallen meine Seele umklammerten? Zweifel sind gefährlich, ja tödlich für den Geist. Ich versuchte, mich mit aller Kraft gegen diese schwere Versuchung zu wehren. Wie ein kleines, von einem großen Sturm erfasstes Boot befand ich mich in einem Wirbel der sich widersprechenden Gefühle, in einem Netz peinlicher und grausamer Überlegungen: als ein Mann, der anscheinend von seiner Frau verraten worden war. Ich sah meinen guten Namen und die Achtung in der Welt zusammenbrechen. Man würde ihretwegen mit Fingern auf mich zeigen und was noch viel schlimmer wäre: im ganzen Ort mich bedauern. Ich sah meine Liebe und Hochachtung zu Maria wie von tödlichen Pfeilen getroffen. Nun saß ich in der Zwickmühle. Wie sollte ich mich jetzt verhalten? Bei so einem offensichtlichen Fehltritt wollte ich trotzdem meine Verlobte nicht bloßstellen und gleichzeitig mit der eigenen Frömmigkeit protzen und die eigenen Hände in Unschuld waschen. Die peinliche Angelegenheit sollte nicht an die große Glocke gehängt und Nichts dem Tratsch des sensationsgeilen Publikums und der Häme der Leute überlassen werden. Ich verstand überhaupt nichts mehr. Wir waren beiden so glücklich gewesen, bis ich entdeckte, dass sie ein Kind erwartete. Was für eine Schande! Unsere gemeinsame Zukunft war dahin. Als der gehörnte Ehemann stand ich als der Blamierte da. Am besten machte ich Schluss und vergaß meine enttäuschte Liebe.

*Für einen streng nach dem religiösen Gesetz lebenden jüdischen Mann wäre nun eines glasklar gewesen: Anzeigen und sie vor den Ältesten des Ortes wegen ihres Fehlverhaltens öffentlich anprangern. Alle sollten es sehen: »So etwas darf man nicht machen!« Hundertprozentig wäre Maria wegen Ehebruch verurteilt worden. Die gerechte Strafe durch Steinigung. Streng nach den religiösen Vorschriften. Wie hast du dich verhalten?*

Ich wollte Maria schützen. Sie sollte eine zweite Chance haben. Doch ich musste handeln. Das erwartete man von mir. Also beschloss ich, sie zu verlassen. Nicht öffentlich. Das hätte Aufsehen und schlimmstenfalls Anklage wegen Ehebruch und Steinigung bedeutet. Da wollte ich ihr lieber als »anständiger Kerl« heimlich den Laufpass geben. Aber wohl fühlte ich mich dabei nicht. Schließlich fand ich einen Ausweg, eine Möglichkeit, die auch den religiösen Gesetzen entsprach. »Ich werde ihr einen Entlass-Brief schreiben«, kam mir die Idee. Scheidung nennt ihr das heute. Damals konnte der Mann die Frau jederzeit entlassen. Aber er hatte ihr die Aussteuer zurückzuzahlen. Mit dieser Scheidungs-Urkunde, von mehreren Zeugen unterzeichnet, sollte Maria sich frei fühlen. So konnte sie einen anderen nach ihrer Wahl heiraten. Am besten den Vater des Kindes. Das schien mir sehr einleuchtend.

*Ich kann dich gut verstehen und deine Art, ein Problem erst einmal mit dir selbst durchzusprechen, bevor du dich an jemand anderen wendest. Als der schweigsame Denker fandst du mit deiner Entscheidung eine gute, saubere und humane Lösung. Aber hattest du dabei auch deine zukünftige Beziehung zu Maria und dem ungeborenen Kind überdacht? Wolltest du mit beiden nichts mehr zu tun haben? Wäre das Kind für dich nur eine lästige Störung gewesen, ja eine Beleidigung? Wolltest du mit Maria einen deutlichen, sauberen Schnitt machen? Einfach vergessen? Dich trennen?*

Mit solchen Gedanken schleppte ich mich tatsächlich herum. Sicher, Jesus wäre auch ohne mich aufgewachsen. Maria hätte vielleicht einen anderen Mann gefunden oder wäre in der Großfamilie mitversorgt worden.

*Wie die Evangelien berichten, hatte ja der himmlische Vater mit dir einen ganz anderen, speziellen Plan. Ihm gefiel wohl diese gerechte, saubere Lösung nicht.*

Im Nachhinein sieht das alles so einleuchtend aus. Ich stand ja mittendrin im Schlamassel. In schlaflosen Nächten zermarterte ich mir das Gehirn: Warum musste das gerade mir passieren? Es war schon Mitternacht vorbei. Immer noch brachte ich kein Auge zu. Ich verarbeitete meinen sorgenvollen Alltag mit dem Gedanken, Maria durch einen Scheidebrief zu entlassen. Da begegnete mir Gott selbst durch einen Engel.

*In unruhigen Nächten verarbeitete Josef seinen sorgenvollen Alltag mit dem Gedanken, Maria durch einen Scheidebrief zu entlassen. Da begegnete ihm Gott selbst durch einen Engel.*

Er sprach zu mir mitten in meine quälenden Sorgen hinein mit einer befreienden Botschaft: »Alles hat seine Ordnung. Fürchte dich nicht! Alles, was dich verwirrt, hat seinen Grund im Willen Gottes. Bleib bei Maria. Das Kind darf nicht heimlich geboren werden. Es ist doch ein besonderes Kind aus dem Stamme Davids. Wie du. Es ist auch dein Kind. Also scheue dich nicht, Maria aufzunehmen und anzunehmen. So wie sie ist. Mit ihrem dicken Bauch und den peinlichen Fragen.« Nun kam die größte Zumutung für mich: »Josef – was in ihr ist, das ist entstanden aus dem Heiligen Geist.«

»Wie bitte?«, antwortete ich. »Diese ganzen Schwierigkeiten? Die durchwachten Nächte, meine Hilflosigkeit, all das hängt mit dem Heiligen Geist zusammen? Ein schöner Geist ist das! Ich dachte immer, dein Heiliger Geist würde nur immer heilige, erhabene, großartige, geistreiche Dinge tun. Und jetzt: Dieses ganze Durcheinander soll letzten Endes durch den Heiligen Geist verursacht worden sein?« Aber so ist das manchmal mit dem Allmächtigen. Nicht nur das, was schön und nett und lieblich ist, hat mit seinen Wegen zu tun, sondern auch das Dornige, Hässliche, Unangenehme kann er zum Besten wenden.

Nun bekamen die Worte des Engels einen ganz anderen Klang: »Der Allmächtige steht hinter dir. Er tritt für dich ein! Der harte Alltag mit allem, was auf dich wartet, wird dir zwar nicht erspart, aber Gott, dein Befreier ist für dich da! Lass dich von dieser erlösenden Botschaft erfüllen und tragen! Jesus soll das Kind heißen! Der Name allein ist schon ein Bekenntnis: Der himmlische Vater rettet die Welt aus ihren selbstgefälligen, Gott vergessenen Wegen und deren grausamen Folgen. Er rettet die Menschen aus all ihren Zwangsläufigkeiten und als unabänderlich verkauften Ungerechtigkeiten dieser Erde, die Menschen ausgrenzen, kleinmachen, entwürdigen. Im Großen und im Kleinen. In diesem Kind wird der himmlische Vater selbst die Menschen von aller Schuld und allem Schweren befreien!«

Plötzlich waren alle Müdigkeit, die Zentner schwere Last auf meiner Seele wie weggefegt. Dieser merkwürdige Traum hatte mein Leben verändert. Weil ich ihn als eine Botschaft begriff. Gegen meine ganze Vernunft und all das, was ich bisher für Ehre und Männlichkeit gehalten hatte, entschied ich mich für den Traum. Ich konnte mich darauf einlassen, was der Engel gesagt hatte. Der Allmächtige hatte mit mir gesprochen und ich wusste wieder, wer ich war und was ich tun sollte. Ganz behutsam brachte Gott mich auf einen anderen Weg. Er redete mit mir ohne Druck und Drohung etwa so: »Hör mal, Josef, nimm die Maria gefälligst zu dir! Es geht hier um den Messias! Aber mach dir mal keine Star-Allüren!« Der himmlische Vater machte mir durch den Engel bewusst, welche Würde ich hatte: »Josef, du Sohn Davids!« Das hieß doch: »Josef, erinnere dich, du bist ein Nachkomme Davids. In dir lebt die Königswürde. Du hast es nicht nötig, die leichte, saubere Lösung durchzuführen. Meinen Königskindern traue ich noch viel mehr zu. Josef, hab keine Angst! Scheue dich nicht, den schwereren Weg zu gehen. Ich weiß, dass du es schaffst. Führe die Beziehung weiter. Auch wenn sie schwierig scheint.« Als ich mich durchgerungen und die Botschaft des Engels akzeptiert hatte, empfand ich das ungeborene Kind nicht mehr als Störung, sondern als Geschenk des Heiligen Geistes. Dadurch veränderte sich auch der Umgang mit meiner Frau, die ich am liebsten nicht mehr sehen wollte.

*Aber sind Träume nicht Schäume? Ich stelle mir einmal vor, ich liege im Bett und beginne zu träumen. Zum Beispiel, dass ich mich auf einer wunderschönen Wiese befinde. Vor mir steht eine leuchtende Gestalt. »Das kann nur ein Engel sein!«, denke ich. Dann spricht dieser überirdische Bote zu mir: »Steh auf und spring in den Fluss!« Dann wache ich auf. »So ein blöder Traum!«, ist mein erster Gedanke. »Natürlich werde ich nicht in den Fluss springen!« Ich wäre schön dumm, wenn ich das täte. Deshalb kann ich nicht verstehen, wieso du aufstehst und eine schwangere Frau zu dir nimmst. Nur weil es dir in irgendeinem Traum geboten worden ist. Als ob Träume irgendeine sichere Auskunft geben könnten. Sie sind doch sehr zweifelhafte Medien. Träume bieten nur wenig Verlässlichkeit und noch weniger Sicherheit. Gleichzeitig beneide ich dich ein wenig. Wenn Gott mir auf so ausdrückliche Weise durch einen Engel sagen würde, was ich tun soll, dann wäre es viel einfacher zu glauben.*

Ich hatte nicht mehr Sicherheit als du. Dass hinter all dem, was da geschah, der Allmächtige stehen sollte, dafür gab es keinerlei Beweis. Ich hatte nur die Sicherheit eines Traumes. Ich war genauso angewiesen auf das Wagnis des Glaubens wie du. Ich hatte die gleichen Schwierigkeiten, die Stimme meines Gottes aus der Vielzahl der Stimmen meiner Zeit herauszuhören. Im Traum fühlte ich mich zwar von Gott angegangen. Aber im Wachzustand habe ich weder Stimmen gehört, noch irgendetwas gesehen, geschweige denn, einen wirklich stichhaltigen Beweis in der Hand gehabt. Bilde dir nur nicht ein, als wäre es Maria sehr viel bessergegangen. Als wäre sie mit dem Bewusstsein durch die Gegend gelaufen: »Ich bin die Mutter Gottes!« Nicht umsonst schildert das Evangelium immer wieder, dass sie einfach dastand, ihren Sohn erlebte und nichts, aber auch absolut nichts von dem verstand, was er jetzt tat.

*Da drängt sich bei mir spontan die Frage auf: Wie verhalte ich mich eigentlich in einer ähnlichen Situation? Gibt es auch bei mir Dinge, vor denen ich am liebsten fliehen möchte? Es muss ja nicht gerade ein uneheliches Kind sein, das meinen Lebensablauf stört und dazwischenfunkt. Es kann ein Mensch sein, mit dem ich meine Schwierigkeiten habe. Ich überlege, wie ich ihm oder ihr möglichst elegant aus dem Weg gehen kann. Vielleicht so, dass es auch noch gerecht und fromm aussieht. Das könnten auch Leute sein, die weit weg wohnen und die ich persönlich gar nicht kenne. Und doch möchte ich sie am liebsten wegschieben. Zum Beispiel Bauern in Äthiopien, die Probleme mit ihrem Bewässerungssystem haben und nicht mehr ernten können, weil die Regenzeit immer seltener kommt. Oder der Raubbau in Brasiliens Amazonasgebiet ohne Rücksicht auf Mensch und Natur.*

Es ist gut, dass du nicht die Augen vor schwierigen Beziehungen schließt, sondern offensiv herangehst, auch wenn du dich vielleicht verrannt hast. Nimm deine Mitmenschen so, wie sie sind! Verrechne den anderen nicht nach deinen selbstgemachten Maßstäben der Anständigkeit. Von gut und schlecht. Von wert und unwert. Von lohnend und nicht lohnend. Versuch doch einfach, jedes Menschenkind in Liebe anzusehen, wie Gott auch dich ansieht. Handele dann so, wie es seinem Willen entspricht. Ohne Angst. Es ist der Weg der Liebe, des Friedens in dem Bewusstsein, dass Gottes Licht wirklich zu allen Menschen kommt. Habe keine Angst davor, dich in das Abenteuer mit dem Allmächtigen hineinzubegeben. In die Macht dieses Kindes, das auch in dir wachsen will. Lass dich darauf ein, dass dieses Kind dir und allen Menschen Rettung und Heil bringen wird. Trau ihm zu, dass Neues entstehen kann, dass es Hoffnung gibt, wo nach menschlichem Ermessen diese eigentlich aussichtslos erscheint. Dass dieses Kind Liebe schenkt, wo nach menschlichem Empfinden Liebe überhaupt keinen Platz hat. Dass Nähe dort erfahren werden kann, wo Menschen sonst nur Distanz erleben. Dass Gerechtigkeit geübt wird, die allen Menschen gerecht wird, wo sonst nur nach Leistung und Verdienst gefragt wird. Dass Rettung geschehen kann aus der Gefangenschaft einer Gedankenwelt, die nur sich selbst sieht und die klaren Regeln einer funktionierenden Gesellschaft.

*Es rührt mich, wie der himmlische Vater mit dir umging. Wie er dich ernstnahm in deinem Zweifel, in deiner Sorge um das soziale Verhalten deiner Umgebung, um deine Anständigkeit. Wie er dir half, persönlich Frieden zu machen mit dieser Geschichte. Wie er dich wissen ließ: »Du bist mir wichtig, auch wenn du gerade die Bühne noch verlassen wolltest. Auch dich brauche ich für dieses Kind. Nicht nur für den Namen. Auch mit deiner Geschichte gehörst du dazu.« Will dadurch vielleicht der himmlische Vater auch mir etwas sagen? Normalerweise doch nicht durch Träume.*

Vielleicht durch einen Freund, der dich kennt und dem du nichts vormachen musst. Plötzlich wird bei so einem Gespräch ein Ausweg deutlich. Möglicherweise bist du gar nicht so schwach, wie du denkst. Gar nicht so hilflos, wie andere meinen. Vielleicht hast du mehr Durchblick, als du im Augenblick sehen kannst. Vielleicht ist dieser gute Freund für dich die Stimme Gottes, der dir zuruft: »Erinnere dich doch, du bist mein Sohn, meine Tochter. Mein Heiliger Geist lebt in dir. Hab keine Angst, deinen Weg zu gehen, auch wenn er schwierig erscheint. Du bist ein königlicher Mensch. Du hast es nicht nötig, die Augen vor der Not anderer zu verschließen. Ich traue dir zu, dass du schwierige Menschen und ihre Beziehungen aushalten kannst und kreativ helfen wirst. Die allzu gerechten, scheinbar sauberen Lösungen bringen nicht immer Glück und Frieden.«

*Jetzt verstehe ich, dass wahre Gerechtigkeit mehr ist als das, was in den religiösen Büchern und Moralvorschriften steht. Aber wie soll ich reagieren, wenn sich jemand anscheinend verfehlt? Ich möchte mir darüber nicht etwa so das Maul wetzen: »Das gehört unter die Leut'! So was geht doch nicht! Das muss bestraft werden! Sofort und unerbittlich. Wenn man da einmal ein*

*Auge zudrückt, wo kommen wir denn da hin?« Wie soll ich mich in einer solchen Situation verhalten?*

Du siehst klar, dass etwas nicht richtig ist und du es nicht verstehen kannst. Aber du möchtest den anderen nicht bloßstellen, und dabei selbst als frommer Saubermann dastehen. Dann suche einen Weg, der den anderen schützt und ihm eine zweite Möglichkeit gibt. Wer weiß schon, was wirklich dahintersteckt. Ob nicht vielleicht Gott doch seine Finger im Spiel hat und seine Handschrift oft unerkannt in die Lebensbiographien von Menschen hineinschreibt. Der etwas plant, was du gar nicht ahnen kannst.

*Du, Josef, stehst auch für mich, wenn ich besorgt bin, mein wohl geordnetes Leben könnte durcheinanderkommen. Wenn ich manchmal aus dieser Angst heraus gar nichts erst wage. Wenn mir das Eis schnell viel zu dünn vorkommt.*

Was kann dir schon passieren, wenn du die eigenen Interessen und den Applaus der Mehrheit etwas mehr zurückstellst? Gott nimmt auch dich bei der Hand. Er sorgt für dich. Aber erlebbar wird das erst da, wo du den Fahrplan deines Lebens ihm übergibst.

*Hast du eigentlich Maria von deinem Traum erzählt?*

Natürlich drängte es mich, ihr davon zu berichten, zumal sie bisher mit keiner Silbe bei mir ihre Schwangerschaft erwähnt hatte. Eines Tages hielt ich es nicht mehr aus. Schon früh am Morgen machte ich mich auf zu ihrem Haus.

*Die »Verkündigungsgrotte« im Haus von Maria ist heute das »Kleinod« in der Verkündigungs-Basilika von Nazareth.*

Ich sah sie mit der Spindel in der Hand. Ich merkte sofort: Es war ihr gar nicht gut zumute.

Die rosa Farbe war aus ihren Wangen gewichen. Ihr Antlitz erschien mir bleich wie Elfenbein. Unter ihren gesenkten Wimpern lagen zwei dunkle Schatten. Ihre Augenränder waren geschwollen wie bei jemand, der geweint hatte. Ihre Aufmerksamkeit hatte sie ganz auf ihre Arbeit gerichtet und noch mehr, wie es mir schien, auf trübe Gedanken; denn ich hörte sie seufzen wie jemand, der im Herzen schmerzlich leidet. Als Maria mich erblickte, legt sie die Spindel nieder. Wenn auch ihr Leinenkleid noch so locker und weit saß, gelang es ihr nicht vollständig, die

Rundung des Leibes zu verbergen. Nun stand ich vor ihr. Maria schaute mich mit einem traurigen, fragenden Blick an. Auch in meinen Augen lag etwas Flehendes.

Schweigend standen wir da. Dann öffnete sie den Mund: »Zu dieser Stunde, Josef? Brauchst du etwas? Willst du mir etwas sagen?« Ich sprach immer noch nicht. »Rede, Josef! Was willst du von mir?«

»Dein Verzeihen!« Ich beugte mich zu ihr nieder. Maria, die sonst immer so zurückhaltend war, fasste mich entschlossen bei den Schultern. Ihre Wangen wurden ganz rot.

»Mein Verzeihen! Ich habe dir nichts zu verzeihen, Josef. Ich kann dir immer nur danken für die Liebe, die du mir entgegenbringst.« Tränen rollten mir in den Bart.

»Verzeih, Maria! Ich habe dir misstraut. Ich habe gegen die Liebe gefehlt. Ich habe dich in meinem Herzen ungerechterweise angeklagt.«

»Oh! Nein! Du hast nicht gefehlt!«

»Doch, Maria! Wenn ich eines offensichtlichen Fehlers schief angesehen worden wäre, hätte ich mich verteidigt. Du jedoch ... Ich habe dir nicht ermöglicht, dich zu verteidigen. Ich war daran, Entscheidungen zu treffen, ohne dich zu fragen. Ich habe dich mit meinem Verdacht gekränkt. Wer Verdacht schöpft, versteht nicht. Ich habe dich nicht verstanden. Verzeih mir, Maria!«

»Ich habe dir nichts zu verzeihen. Im Gegenteil: Ich bitte dich um Verzeihung für den Schmerz, den ich dir bereitet habe.«

»Aber warum, Maria, hast du geschwiegen? Warum hast du mir, deinem Bräutigam, gestattet, dass ich dich verdächtigte?« Da legte sie ihre kleine Hand auf mein Haupt und lächelte.

»Ich habe dem Allmächtigen gehorcht, der das Schweigen von mir verlangte. Das hat mich sehr viel gekostet. Um deines Schmerzes willen, den du erlitten hast.« Maria weinte leise, während sie sprach. Da nahm ich ihre zarten

Hände in meine schwieligen, starken Hände und küsst die Spitzen ihrer Finger.

»Aber jetzt muss für seine Geburt vorgesorgt werden«, legte ich bestimmt fest. »Wir werden alles vorbereiten!« Maria lächelte vor Glück.

»Freue dich, Josef! Unser Haus wird prächtiger sein als der Königspalast Salomons; denn der Himmel wird unter uns bleiben. Wir werden mit dem Allmächtigen das Geheimnis des Friedens teilen, das die Menschen später erkennen werden. Der Erlöser wird unter uns aufwachsen, und unsere Arme werden ihn tragen dürfen.«

## Eine improvisierte Geburt unter miserablen Zuständen

**Es geschah aber in jenen Tagen, dass Kaiser Augustus den Befehl erließ, den ganzen Erdkreis in Steuerlisten einzutragen. Diese Aufzeichnung war die erste; damals war Quirinius Statthalter von Syrien. Da ging jeder in seine Stadt, um sich eintragen zu lassen. So zog auch Josef von der Stadt Nazareth in Galiläa hinauf nach Judäa in die Stadt Davids, die Bethlehem heißt; denn er war aus dem Haus und Geschlecht Davids. Er wollte sich eintragen lassen mit Maria, seiner Verlobten, die ein Kind erwartete. Es geschah, als sie dort waren, da erfüllten sich die Tage, dass sie gebären sollte, und sie gebar ihren Sohn, den Erstgeborenen. Sie wickelte ihn in Windeln und legte ihn in eine Krippe, weil in der Herberge kein Platz für sie war. (Lk 2,1–7)**

*Josef, deine Weihnachtsgeschichte beginnt nicht mit den Worten »Es war einmal«, sondern mit den Worten »Es begab sich aber zu der Zeit …« Was für eine Zeit war das?*

Meine Weihnachtsgeschichte ist also kein Märchen, sondern ein Stück Weltgeschichte. Noch dazu ein einzigartiges Stück. Es ging um eine genau bestimmbare Zeit; nämlich, als Augustus Kaiser des römischen Weltreichs war und Quirinius dessen Statthalter im Gebiet Palästinas, der damaligen römischen Provinz Syrien. Gaius Octavius Augustus war von einem berühmten Mann erzogen worden. Von seinem Großonkel Julius Caesar nämlich. Den Namen dieses Onkels übernahm er als Herrschertitel: »Cäsar«. Kaiser Augustus war zu seinen Lebzeiten der mächtigste Mann der Welt. Er führte sein

Riesenreich mit straffer Hand. Er unterteilte es in viele Provinzen, denen jeweils ein Prokurator vorstand, ein Statthalter, ein Herrscher, der nur dem Kaiser in Rom und dem römischen Senat Rechenschaft schuldig war. Die Kunde von seiner Volkszählung hatte sich schnell in Nazareth herumgesprochen. Ich kam gerade von meiner Werkstatt und wollte Maria diese bedrückende Neuigkeit mitteilen. Als sie mich sah, erhellte sich ihr Gesicht. Auch ich versuchte ihr Lächeln zu erwidern. Aber es fiel mir schwer. Maria beobachtete mich mit einem fragenden Blick. Dann erhob sie sich und nahm mir den Mantel ab, faltete ihn und legte ihn auf eine Truhe. Ich setzte mich an den Tisch, stützte einen Ellbogen darauf und legt den Kopf in die Hand, während ich mir, in Gedanken versunken, durch den Bart fuhr.

»Hast du Sorgen, die dich plagen?«, fragte sie. »Kann ich dir helfen?«

»Du bist immer mein Trost, Maria. Aber jetzt bin ich sehr besorgt um deinetwillen.«

»Um meinetwillen, Josef? Warum?«

»Ein Erlass ist an der Synagogentüre angeschlagen worden. Die Volkszählung aller Bewohner Palästinas wurde angeordnet. Jeder soll sich an seinem Herkunftsort einschreiben lassen. Wir müssen nach Bethlehem gehen …«

»Oh!«, unterbrach mich Maria und legte die Hände in den Schoß.

»Das erschreckt dich, nicht wahr? Es wird mühevoll sein. Ich weiß es.«

»Nein, Josef. Ich denke an die Verheißung des Propheten Micha, bei dem es heißt: ›Und du Bethlehem-Efrata, du bist die kleinste Stadt im Stamme Juda, aber aus dir wird hervorgehen der Herrscher‹ (Mi 5,2). Er wird dort geboren werden.«

»Glaubst du, dass es schon Zeit ist?«, fragte ich bestürzt. »Oh! Was sollen wir tun?« Ich war völlig verwirrt und schaute mit mitleidigen Augen auf Maria. Sie bemerkte es und lächelte.

»Ich weiß nicht, Josef. Die Zeit ist nahe.«

»Aber könnte der Herr sie nicht verzögern?«, wandte ich ein.

»Er vermag alles. Fürchte nichts!«, versuchte mich Maria zu beruhigen.

»Aber die Reise! Wer weiß, wie viel Volk unterwegs ist! Werden wir eine gute Unterkunft finden? Werden wir zur rechten Zeit wieder zu Hause sein? Und wenn du dort gebären solltest, was machen wir dann?«

»Josef, alles wird gut gehen. Der Allmächtige sorgt für alles. Wir vertrauen auf ihn! Nicht wahr? Voller kindlicher Liebe wollen wir unsere Hände in seine Vaterhand legen. Überlassen wir uns ganz ihm! Schau, wie er uns bisher geführt hat! Auch dieses Edikt hat er in seinen Willen mit eingeplant. Was ist schon ein Kaiser? Ein Werkzeug in der Hand Gottes. Wenn die Wege unsicher sind, wenn das viele Volk die Reise erschwert, werden die Engel uns begleiten. Nicht nur uns. Ihren König. Wenn wir keine Unterkunft finden, werden ihre Flügel unser Zelt sein. Nichts Böses kann uns zustoßen. Der himmlische Vater ist mit uns.« Ich blickte Maria an und hörte ihr dankbar zu. Die Falten auf meiner Stirn glätteten sich. Mein Lächeln kehrte zurück.

»Du Sonne meiner Seele!«, flüsterte ich. »Du verstehst alles im göttlichen Licht zu betrachten, von dem du erfüllt bist. Verlieren wir also keine Zeit; denn wir müssen so rasch wie möglich abreisen und schnell wieder zurückkehren; denn hier ist alles bereit für den … für den …«

»Für unseren Sohn, Josef«, ergänzte Maria meine Worte. »Das muss er in den Augen der Welt sein. Denk daran! Gott-Vater hat seine Ankunft mit einem Geheimnis umgeben. Wir dürfen den Schleier nicht heben. Jesus wird es als Messias tun, wenn die Stunde gekommen ist.«

*So kam es, dass du mit deiner hoch schwangeren Frau nach Bethlehem ziehen musstest.*

Als Nachfahre des Königs David stammte ich aus dieser Stadt. Auch Maria gehörte als meine Ehefrau dazu und musste deshalb mitziehen. Freiwillig hätten wir beide diese Reise bestimmt nicht auf uns genommen.

Vor allem wegen Marias Schwangerschaft. Aber der Messias musste in Bethlehem geboren werden. Damit es allen deutlich wird: Dieser Jesus ist der versprochene Davids-Sohn. Er erfüllt die Weissagungen der Propheten. Mit menschlichen Augen betrachtet: für den Staat eine steuerstatistische Sache. Mit den Augen Gottes gesehen: die Verbindung des Allmächtigen mit den Menschen.

*Das Gebot vom Kaiser Augustus bestand also darin, dass sich jeder für diese Schätzung an seinen Geburtsort begeben sollte.*

Damit kein Durcheinander entstand, durfte sich niemand dieser Art Volkszählung entziehen. Sonst musste er mit schwerer Bestrafung rechnen. Kaiser Augustus war ja nicht irgendwer. Ein machtbewusster Stratege, der sich geschickt zum Kaiser und Alleinherrscher emporgehoben hatte. Er litt gewiss nicht unter fehlendem Selbstwertgefühl, als er sich »Sohn Gottes« titulieren ließ. Als ein politisch denkender Herrscher musste er wissen, wie viele Bürger ihm unterstanden. Also suchte er ein System, wie er Steuern herausholen konnte.

*Jeder musste sich dort in Meldelisten eintragen, wo seine Vorfahren herkamen.*

Er teilte die Leute ein – nicht nach Einkommen, sondern nach Volksstämmen, nach Sippen und Familien. Eine wichtige und damals ganz moderne Regierungsmaßnahme bestand darin, alle erwachsenen Bürger seines Reiches, die nicht Sklaven waren, zu registrieren. Jeder musste sich dort in Meldelisten eintragen, wo seine Vorfahren herkamen. Für den Staat ein Ordnungsprinzip. Es wurde genau festgelegt, wo die Progressionsgrenze war. Dabei wurde die Steuerschraube immer fester angezogen. Es ging letztlich um Geld. Um sehr viel Geld sogar, nämlich wie viel der Kaiser aus den einzelnen Provinzen herausquetschen konnte.

*Das musste wohl eine ähnliche umfangreiche Verwaltungsaktion gewesen sein, wie die Maßnahmen mancher unserer Regierungen, mit der alle Bürger vom Baby bis zum Greis eine unveränderliche Steuernummer erhalten. Da ein Versicherungsbescheid. Da eine Ummeldung und dort ein wichtiger Gang zur Behörde. Und dann muss auch der eigene Umsatz stimmen.*

Keiner sollte sich durch das ausgeklügelte Steuer-System mogeln. Dafür garantierte der Staat die »pax romana«, den römischen Frieden. Die Infrastrukturen waren nicht schlecht. Es gab gute Straßen und Aquädukte. Die organisierte Verwaltung konnte bezahlt werden und vieles mehr. Leider war das auch ziemlich nervig und stressig. Die Menschen mussten dafür viel auf sich nehmen.

*Hinter dem kaiserlichen Muss schien allerdings ein göttliches Muss zu stecken. Hier ging es wohl nicht nur um Weltgeschichte, sondern zugleich um Gottes Heilsgeschichte.*

In der Tat hatte der Allmächtige an den Schalthebeln der Weltgeschichte gezogen. Auf diese Weise bewirkt er, dass auch ich mit Maria von Nazareth aufbrach und wir nach Bethlehem zogen. Das war keine freiwillige Erholungsreise, sondern erzwungen durch die Besatzungsmacht der Römer, um die Listen für Abgaben abzugleichen. So brachte diese Volkszählung uns als junges Paar im Strudel der Geschichte nach Bethlehem in ein ganz alltägliches Dorf in Palästina mit etwa 800 Einwohnern. Ungefähr 11 km südlich von Jerusalem gelegen. Geschmiegt an einen Hügelrücken und mit fruchtbaren Feldern am Rande der Wüste. Dort wurden Feigen und Oliven, besonders Getreide angebaut. Schon in alter Zeit galt Bethlehem als eine Art Backstube der Region. Wie schon ihr Name sagt: Haus des Brotes. In Brothausen gab es gutes Brot! Ein Grundnahrungsmittel der Menschheit; lebensnotwendig für die Bewohner und die Region. Bethlehem stand für das alltägliche Leben. Von dort sollte sogar noch mehr als Weizen- oder Gerstenbrot kommen, nämlich ewiges, lebendiges Brot; denn wer an den glaubte, der in Bethlehem geboren wurde, hatte ewiges Leben.

*Für mich ist Bethlehem nicht nur eine Traumlandschaft der Gnade. Bethlehem erinnert mich auch an die romantische Liebesgeschichte zwischen Rut und Boas. Alles begann damit, dass eines Tages, um 1000 v. Chr. in Brothausen das Brot ausging. Eine Hungersnot vertrieb einige seiner Bewohner. Darunter auch Naomi und Elimelech. In der Ferne starb der Mann und ihre beiden Söhne. Naomi kehrte voller Trauer mit ihrer Schwiegertochter Rut nach Bethlehem zurück. Dort aber fand diese heidnische Frau, die sich zum Gott Israels bekehrt hatte, durch eine gewisse weibliche Raffinesse die Liebe des reichen, erfolgreichen Landwirts Boas. Auch schwierige Umstände konnten sich einer Heirat nicht in den Weg stellen. Sie bekamen ein Kind und wurden zu den Stammeltern des König Davids und damit ein Jahrtausend später zu den Vorfahren von Jesus. Josef, wie lange dauerte eigentlich die Reise von Nazareth nach Bethlehem?*

Drei Tage. Kaum hatten wir unsere persönlichen Angelegenheiten geklärt, da mussten wir uns auf einen 150 km langen Weg nach Bethlehem begeben. Die römische Landstraße war sehr belebt. Esel, beladen mit Hausrat und Menschen, kamen und gingen. Männer gaben ihren Reittieren die Sporen. Fußgänger eilten dahin. Es war kalt. Die Luft rein und trocken. Auf den abgeernteten Feldern suchten Schafe ein wenig Nahrung. Der Boden war teilweise wellig. Eine richtige Hügellandschaft mit grasigen Mulden und Abhängen, Tälern und Bergrücken. Die Straße führte durchs Jordantal. Maria saß auf einem grauen Esel. Ganz eingewickelt in einen schweren Mantel. Vor dem Sattel hatte ich den Sack befestigt, in dem sich die notwendigsten Dinge befanden. Ich ging an der Seite und hielt die Zügel.

»Bist du müde?«, fragte ich von Zeit zu Zeit Maria. Sie schaute mich lächelnd an.

»Nein! Aber du wirst müde sein. Du gehst ja zu Fuß.«

»Oh, ich! Das macht mir nichts aus! Wenn ich noch einen zweiten Esel gefunden hätte, kämen wir schneller vorwärts. Aber ich fand keinen. Alle brauchen jetzt die Reittiere. Aber Mut! Bald sind wir in Bethlehem. Hinter diesem Berg taucht schon Ephraim auf. Ist dir kalt?«, fragte ich sie, denn es hatte sich ein Wind erhoben.

»Es geht schon, danke«, antwortete Maria. Ich betastete ihre mit Sandalen bekleideten Füße, die seitlich des Eselchens herabhingen. Sie fühlten sich kalt an. Ich schüttelte den Kopf und nahm eine Decke, die ich mir umgehängt hatte, wickelte sie um ihre Beine und zog sie auch über ihren Schoß, so dass auch ihre Hände gut warm blieben. Kurz vor Bethlehem begegneten wir einem Hirten, der mit seiner Herde die Straße überquerte. Ich nickte ihm freundlich zu. Der Mann gab mir ein Zeichen, ich solle den Esel hinter der Herde auf die Weide führen. Gerne willigte ich ein. Während unser Esel und die Schafe friedlich grasten, machte der junge Hirte Maria auf einen Felsblock in der Form eines Sessels aufmerksam.

»Hier kannst du dich ein wenig ausruhen. Du bist doch sicherlich sehr müde von der langen Reise.« Gerne nahm sie das Angebot an. Plötzlich sah ich sie einmal lachen und einmal weinen.

»Was hast du, Maria?«, fragte ich sie.

»Weil ich mit meinen eigenen Augen zwei Völker sehe«, antwortete sie. »Eines, das weint, und eines, das jubelt und frohlockt.«

*Der Fels der »Marienrast« befindet sich kurz vor Bethlehem, wo in byzantinischer Zeit eine Kirche darüber errichtet wurde.*

Dann holte der Hirte einen einfachen Blechnapf aus der Tasche und melkte ein großes Schaf mit vollem Euter. Spontan gab er mir die Milch, die ich Maria anbot.

»Gott segne euch beide!«, sagte sie. »Dich für deine Liebe«, zu mir gewandt, »und dich für deine Güte«, zu dem jungen Mann hin.

»Kommt ihr von weit her?«, fragte dieser.

»Von Galiläa«, gab ich ihm zur Antwort.

»Und wohin geht es?«

»Nach Bethlehem.«

»Eine weite Reise für eine Frau in diesem Zustand. Ist sie deine Frau?«

»Ja, sie ist meine Frau.«

»Habt ihr jemanden, der euch Unterkunft geben wird?«

»Vielleicht das Gästehaus unserer Großfamilie.«

»Schlimme Sache! Bethlehem ist voller Menschen, die von überall herkommen, um sich einschreiben zu lassen. Wenn ihr aber in der Herberge und in den Häusern keinen Platz findet, dann gibt es vielleicht als letzten Zufluchtsort noch Ställe. Sie sind feucht, kalt und ohne Türen. Aber immer noch besser als gar nichts; denn die Frau darf in ihrem Zustand nicht auf der Straße bleiben. Gott möge euch begleiten!«

»Der Allmächtige schenke dir Freude!«, erwiderte Maria.

»Der Friede sei mit dir!«, verabschiedete ich mich von ihm. So machten wir uns wieder auf den Weg. Von einem Hügel aus sahen wir in einer breiten Senke, wie sich überall Häuser darum gruppierten.

»Das ist Bethlehem!«, rief ich freudig aus. »Sieh, Maria, nun sind wir in der Heimat Davids und in unserer Stadt. Jetzt wirst du bald ausruhen können. Du scheinst mir sehr müde zu sein.«

»Nein, ich dachte ... ich denke ...« Maria ergriff meine Hand. »Ich denke, dass gerade jetzt die Zeit gekommen ist.«

»Beim Gott der Barmherzigkeit! Was machen wir?«

»Habe keine Angst, Josef! Sei geduldig!«

»Aber du leidest doch wohl sehr.«

»Ich bin voller Freude. So groß, so stark und unfassbar, dass mein Herz ganz laut schlägt. Er kommt! Er kommt!«

Aber ich war alles andere als freudetrunken. Ich dachte an die Dringlichkeit, eine Unterkunft zu finden, und beschleunigte meine Schritte. Marias Schwangerschaft war schon weit fortgeschritten. Aber ihr Gang war immer noch jugendlich, lieblich jede Bewegung. Nichts von der Schwerfälligkeit, die ich bei Frauen beobachtet hatte, wenn sie bald ein Baby zur Welt brachten. Nur im Gesicht schien sie verändert. Mit der Würde einer werdenden Mutter. Vorher war sie ein heiteres, junges Mädchen mit den Zügen eines unschuldigen Kindes. Jetzt hatten sich ihre Gesichtszüge verfeinert, durch eine reifere Schönheit gekennzeichnet. Auch ihr Lächeln hatte sich umgewandelt in Milde und voller Erwartung. Wie war sie schön!

*Ich bin immer wieder beeindruckt von der Tatsache, dass Jesus keine Sonderbedingungen als Gottessohn bekam. Er wuchs neun Monate lang im Mutterleib heran. Der wahre Gott wurde wahrer Mensch von Anfang an. Mitten in das Gewimmel des Lebens. Mitten in das Walten der großen Politik, das dich mit Maria zwang, in eure Heimatstadt zu reisen, um sich der Steuererhebung des Augustus zu stellen. Mitten in das Erhabene und Lächerliche, das Banale und Großmäulige. Mitten in das Schäbige und Vollmundige fiel das Licht einer anderen Welt: Gott selbst erwählte sich diese Stätte, um hier als Kind geboren zu werden. »Es war kein Raum in der Herberge«, heißt es in der Weihnachtsgeschichte. Was soll ich mir unter dieser »Herberge« vorstellen? Ein Gasthaus? Ein Obdachlosenasyl? Eine Karawanserei, also eine Art antikes Motel für Reisende auf Eseln und Kamelen? Ein Privathaus von deinen Verwandten, die noch in Bethlehem wohnten?*

Damals hatten die Menschen in dieser bergigen Gegend ihre Häuser oft über Felsenhöhlen gebaut. Kein Haus ohne seine Höhle. So wie ihr heute kaum eine Wohnung ohne Garage habt. Dort konnte das Vieh, das jede Familie besaß, nachts und bei schlechtem Wetter Zuflucht finden. Auch gab es da Futterbehälter für die Tiere. Grob aus Holz gezimmert oder auch in den Felsen gehauen. Viele Familien besaßen auch eine Art Gästehaus für die Verwandten, ein Obergemach über einem höhlenartigen Stall errichtet. Du musst wissen, die Menschen im Vorderen Orient pflegen die Erinnerung an ihre Herkunft sehr stark, auch über lange Jahre hinweg. Die Familienbande sind ein und alles. Als wir in meinen Geburtsort zurückkehrten, ging ich schnurstracks zum Gästehaus meiner davidischen Sippe. Vom Hause und Geschlechte Davids zu sein, hieß keineswegs, dass wir damit rechnen konnten, dass irgendwo in Bethlehem jemand auf uns wartete, der sagte: »Herzlich willkommen! Nur herein, liebe Anverwandte!« Ganz im Gegenteil! Für uns war im Gästezimmer kein Platz mehr vorhanden. Wir waren unplaziert, deplatziert. Zur falschen Zeit am falschen Ort. Fremd. Ohne Obdach. Ohne Bleibe. Wo wir hätten aufatmen und beherbergt werden können. Eigentlich verständlich; denn viele andere Familienmitglieder waren aus den verschiedenen Teilen des Landes für den Zensus in Bethlehem vorstellig geworden. Der Raum war brechend voll. Selbst in den primitiven Säulengängen, die den großen Innenhof umgaben, lagerten die Menschen. Kein einziges Plätzchen war mehr frei. Die schnelle Dämmerung begann ihre Schleier auszubreiten. Ich flehte den Hausvater an. Der schüttelte nur bedauerlich den Kopf. Ich bat kräftige und gesunde Männer, meiner Frau, die unmittelbar vor der Geburt ihres Kindes stand, Platz zu machen. Sie würden doch ein wenig Mitleid mit ihr haben. Nichts. Einer schaute sie mit ganz offenkundiger Verachtung an und schüttelte sich, als Maria sich ihm näherte, als wäre sie eine Aussätzige. Das Nein eines abgeschotteten, verbarrikadierten, verschlossenen Herzens. Ich beobachtete ihn und die Zornesröte stieg mir ins Gesicht, während ich die Fäuste ballte. Da legte Maria ihre Hand auf meinen Arm.

»Bestehe nicht weiter darauf! Lass uns gehen! Der Himmel wird schon für uns sorgen.«

So entschied ich mich, weg von dem geschäftigen Treiben und Drängen in diesem Obergemach, mit Maria in den unteren, höhlenartigen Teil des Hauses, in die Stall-Höhle als Notunterkunft auszuweichen. Die Dunkelheit war schon hereingebrochen. Um besser sehen zu können, holte ich eine kleine Laterne aus dem Reisegepäck hervor, nahm Zunder und Feuerstein und zündete sie an. Als ich die Höhle betrat, wurde ich mit einem kräftigen Muhen begrüßt.

»Komm, Maria! Der Stall ist frei!«, rief ich. »Nur ein Ochse ist da.« Ich hing die Laterne an einen Nagel, der in einen der Stützpfeiler geschlagen war. Am Gewölbe klebten viele Spinnweben. Der Boden bestand aus festgestampfter Erde. Uneben, voller Löcher, Steine und Unrat. Zum Teil mit Stroh bedeckt. Im Hintergrund wandte sich der Ochse um und schaut uns mit seinen großen Augen an. Aus seinem Maul hing Heu. Ich stelle den Esel neben ihn, was er ohne Widerstand akzeptierte. Der Ruß in einer Ecke wies auf eine Feuerstelle hin. Maria näherte sich dem Ochsen. Es war kalt. Sie legte ihre Hände auf seinen Hals, um sie zu erwärmen. Als ich dann das Tier etwas auf die Seite drängte, um viel Heu in die Krippe zu schütten und Maria ein Lager herzurichten, wehrt es sich nicht. Maria, die müde auf dem Schemel saß, schaute zu und lächelte.

*Der Steintrog für die Tiere, den Josef für das Neugeborene vorbereitet hatte, wird heute in der Geburts-Basilika in Bethlehem gezeigt.*

Nun war für sie das Lager bereit. Sie machte es sich auf dem weichen Heu bequem und lehnte den Rücken an den Felsen. Ich hing meinen Mantel wie einen Vorhang vor die Öffnung des Stalls. Ein dürftiger Schutz. Dann bot ich Maria etwas Brot und Käse von unserem Proviant an und reichte ihr Wasser aus einem Schlauch.

»Schlafe jetzt!«, ermunterte ich sie. »Ich werde wachen, damit das wärmende Feuer nicht erlischt.« Zum Glück gab es hier Holz. Maria legte sich hin. Ich bedeckte sie mit der Decke, die wir für die Reise mitgenommen hatten. Sie wollte ablehnen.

»Aber Josef, dir wird kalt werden.«

»Nein, Maria, ich bleibe beim Feuer. Versuche, dich auszuruhen!« Gegen Mitternacht erwachte ich aus meinem unruhigen Schlummer und schüttelte mich. Das Feuer war fast erloschen. Ich warf eine Handvoll Stroh hinein und die Flamme flackerte wieder auf. Es begann, empfindlich kalt zu werden. Ich hielt meine Hände über die Flamme, löste die Sandalen und streckte die Füße zum Feuer hin.

»Schläfst du, Maria?«, fragte ich.

»Ich bete«, antwortete sie.

»Benötigst du etwas?«

»Nein, Josef.«

»Versuche etwas zu schlafen; wenigstens etwas auszuruhen!«

»Ich werde es versuchen. Aber beten ermüdet mich nicht.«

»Gott sei mit dir, Maria!«

»Auch mit dir, Josef!«

Ich warf mich neben dem Feuer auf die Knie, um nicht wieder dem Schlaf zu verfallen. Mit den Händen vor dem Gesicht versuchte auch ich zu beten. Abgesehen von dem Prasseln der Holzstücke im Feuer und dem Geräusch des Esels, der dann und wann mit einem Huf auf den Boden schlug, herrschte absolute Stille. Ein feiner Mondstrahl drang durch einen Spalt und schien wie eine körperlose, silberne Klinge Maria zu suchen. Schließlich erreichte er ihr Haupt und umgab es mit einem strahlenden Glanz. Wie schön war Maria jetzt! Ein übernatürliches Lächeln verklärt sie. Was sah sie? Was hörte sie? Was empfand sie in der leuchtenden Stunde ihrer Mutterschaft? Es schien, dass sie alles Licht anzog, das vom Himmel kam. Und dass sie dieses Licht der Welt geben sollte. Das unbezwingbare, unermessliche, ewige, göttliche Licht, das sich ankündete durch die Morgendämmerung. Ein Chor von Lichtatomen, die anwuchsen wie ein Strom und sich ausbreiteten. In dieser Höhle. Rauchgeschwärzt und abstoßend. Spinnennetze in der Schwebe hängend. All das erschien nun wie das Gewölbe eines königlichen Saals. Der ganze Fels wirkte wie ein silberner Block, jeder Riss wie das Schimmern eines Opals, jedes Spinngewebe wie ein kostbarer Baldachin, durchwirkt mit Silber und Diamanten. Eine große Eidechse zwischen zwei Felsstücken wie ein vergessener Smaragd. Eine Traube schlafender Fledermäuse wie ein kostbarer Leuchter von Onyx. Das Heu, das von der Krippe herunterhing, kam mir vor, wie Fäden aus reinem Silber, die in der Luft mit der Anmut aufgelöster Haare zitterten. Die Krippe wie von Gold. Die Buckel im Boden wie Lichtrosen, die als Ehrenbezeigung auf den Boden gestreut waren. Die Löcher wie kostbare Kelche, aus denen Wohlgerüche aufstiegen. Das Licht wurde stärker und stärker. Für meine Augen fast unerträglich. Darin verschwand Maria, wie von einem weißglühenden Lichtschleier verhüllt. Und sie kam daraus hervor als die Mutter. Mit ihrem neugeborenen Sohn in den Armen. Ein Baby, rosig und mollig, das mit seinen Händchen herumfuchtelte und mit seinen Füßlein zappelte.

*Josef näherte sich etwas verlegen, hin- und hergerissen zwischen dem Verlangen, das Neugeborenen in seinen Armen zu halten, und der Furcht, unehrerbietig zu sein.*

Es wimmerte mit einem zitternden Stimmlein. Der Lichtglanz hatte wohl den Ochsen geweckt; denn unter lautem Muhen scharrte er mit seinen Hufen. Der Esel wandte den Kopf und schrie sein Iah! Maria rief: »Josef, komm! Komm, Josef!«, und stützte sich mit der Linken auf das Heu, während sie mit der Rechten das Kind an ihr Herz drückte. Ich näherte mich etwas verlegen, hin- und hergerissen zwischen dem Verlangen, das Neugeborenen in meinen Armen zu halten, und der Furcht, unehrerbietig zu sein. »Komm, wir wollen Jesus dem Vater aufopfern!«, riss mich Maria aus meinen Gedanken.

*Der Stern markiert heute in der Geburtsgrotte in Bethlehem die Stelle, an der Maria den Gott-Menschen zur Welt brachte.*

Während ich niederkniete, hielt sie ihr Kind in die Höhe und sprach: »Hier bin ich. Für ihn, himmlischer Vater, sage ich dir diese Worte: ›Sieh, hier bin ich, deinen Willen zu tun. Sieh, oh Herr, deine Diener! Möge an uns immer und in jeder Stunde dein Wille geschehen zu deiner Ehre und aus Liebe zu dir.‹« Dann neigt sich Maria zu mir. »Nimm, Josef! Biete du dem Allmächtigen das Kind an.«

»Ich? Mir? Oh nein! Ich bin nicht würdig!« Ich war verwirrt.

Maria aber bestand lächelnd auf ihrem Wort: »Du bist dessen wohl würdig. Niemand mehr als du. Deswegen hat der Allerhöchste dich erwählt. Nimm, Josef, und halte es!« Ich wurde rot wie Purpur, streckte die Hände aus und nahm das Bündelchen, das vor Kälte zitterte.

Während ich es an mein Herz drückte, stammelte ich unter Tränen: »Oh! Mein Herr! Mein Gott!« Ich beugte mich nieder und küsste seine kalten Beinchen. Dann nahm ich das Kind auf meinen Schoß und suchte es mit meinem braunen Gewand und meinen Händen zu bedecken, zu erwärmen, zu schützen vor der Kälte der Nacht. Als ich das Neugeborene Maria zurückgab, band sie es fest in Windeln, ein langes Wickelband aus grauem Leinen. Dann legte sie den Säugling in eine Krippe.

*Um mit unserer westliche Weihnachtsverklärung durch Flötenspiel, Glühwein und Glockenklang aufzuräumen, sehe ich in Maria in eurer Situation nicht die ehrwürdige Madonna mit einer goldenen Krone, sondern eine blutjunge Frau, die gerade in ärmlichen Umständen ihr Kind geboren hatte. Da war kein bunter, warmer Strampelsack vorhanden, keine nette Holzwiege, sondern ein roher Steintrog, in dem sonst dem Vieh Salz und Futter eingestreut wurde. Das Gotteskind war zur Welt gekommen in einer unfreundlichen Umgebung. Ein harter Lebensanfang. Wie für Millionen Kinder weltweit. So schlicht und machtlos, so ungeschützt und hilfsbedürftig.*

So geschah es in der Tat: der allmächtige Gott in einer Viehstall-Höhle! Der Schöpfer aller Dinge in einem Futtertrog! Gott in Windeln! Die Tiere spendeten Wärme. Und so war für das Kind bei aller Bescheidenheit gut gesorgt. Es war nicht in den Palästen der Kaiser und Herrschenden zu finden. Kein Machthungriger mit Star-Allüren, sondern ein wahrer Sohn Gottes. Ohne Pomp und Glanz, um der Nähe zu den Menschen willen.

*Ich verstehe, der Glaube von euch beiden jungen, unerfahrenen Menschen wurde bis an die Grenzen des Möglichen gefordert. Der Allmächtige baute nicht auf die Zustimmung der Mächtigen. Ein Handwerker und ein junges Mädchen wählte er aus und vertraute ihnen die Menschwerdung Gottes an. Abseits der großen Politik. Niemand von denen, die meinten, dass sie die Herren der Welt und der Religion seien, hatten die geringste Ahnung davon. In Jerusalem lief der Tempeldienst weiter, als wäre nichts geschehen. In Rom war Augustus auf der Höhe seiner Macht und dachte gerade darüber nach, wie er die Steuern erhöhen konnte. Herbergssuche. Dieses Thema springt mich auch heute ganz vielfältig an. Da steckt jemand in einer Depression und findet niemanden, der ihm heraushilft. Da hat einer seinen Lebenspartner verloren und sucht einen Menschen, der ihm beisteht. Da steht ein anderer vor einem Berg von Problemen und fühlt sich von aller Welt allein gelassen. Da hat eine junge Frau eine neue Stelle angetreten und bekommt keinen Kontakt zu ihren Kollegen. Ein Rentner fühlt sich wie ein Gefangener in den eigenen vier Wänden. Manchmal bin auch ich mit mir selbst so sehr beschäftigt, dass kein Platz in »meiner Herberge« mehr für andere da ist. Auch kein Platz mehr für Jesus, der in mir »geboren« werden will. Abends komme ich nach Hause, da muss ich noch die Abrechnungen machen. Die Kinder halten mich auch auf Trab. Da wird Jesus überhaupt nicht mehr wahrgenommen. Der scheint in dem ganzen Betrieb gar nicht mehr vorzukommen. Er wird in dem Alltagstrubel abgestellt und geparkt. In der Garage oder im Stall.*

Da kann ich dir nur aus meiner eigenen, langjährigen, hautnahen Erfahrung mit Jesus sagen: Er lässt sich durch diese ganze Betriebsamkeit mit aller Unfreundlichkeit und Unmenschlichkeit nicht abschrecken. Er sagt nicht: »Da ist Hopfen und Malz verloren. Dieser Mensch wird sich eh nicht ändern. Ich bleibe mal lieber da, wo ich bin.« Nein, tief in seinem Herzen spricht er: »So lieb bist du mir, dass ich zu dir mit meiner ganzen Person komme. Mit allem, was ich bin. Ich schenke da nicht nur etwas.

So ein bisschen von mir. Ich schenke mich dir selbst! Bis unter die Haut. Bis in dein Herz hinein. Als dein Heilsbringer. Ich lasse dich spüren, wie kostbar, einmalig, aufregend schön das Leben ist. Aber auch, wie anstrengend und gefährdet. Wenn du mir aber vertraust, kann nichts schiefgehen. Ist das nicht Grund genug für dich, auf eine bessere Zukunft zu hoffen?«

*Vielleicht hat diese Zukunft heute schon begonnen, wenn du und Maria mit dem Kind unter den Namen Elias, Rania und Yusef als verfolgte Christen aus Syrien, dem Iran und Irak, Armutsflüchtlinge aus afrikanischen Ländern, politische Flüchtlinge vor dem Schreckensregime in Eritrea bei uns angekommen seid. Menschen, deren Häuser im Bürgerkrieg zerstört wurden, die vor dem Nichts stehen. Ohne Hoffnung. Ohne Zukunft. Sie fühlen sich überfordert und versuchen, notdürftig irgendwo unterzukommen. Ein Dach über dem Kopf zu haben. Diese Menschen brauchen Freundlichkeit, ein nettes Wort, ein Augenzwinkern. Schutz vor Anfeindungen und übler Nachrede. Sie brauchen Einheimische, die mit ihnen reden, damit sie die Sprache hier lernen. Sie brauchen Leute aus der Gegend, die ein bisschen Zeit mit ihnen teilen und ihnen helfen, damit sie sich in diesem für sie fremdem Land zurechtfinden. Da stehen in Europa Gasthöfe leer, weil die Wirtshauskultur in der Krise steckt. Da stehen Kasernen leer, weil die Bundeswehr verkleinert und die Wehrpflicht abgeschafft wurde. Da stehen ganze Straßenzüge und Häuserzeilen im Osten leer und sind dem Verfall überlassen, weil es die Jugend in den Westen oder in den Süden zieht. Dorthin, wo es Arbeit und gute Löhne gibt. Wir warten auf Kinder, die in unsere Schulen gehen, damit sie nicht geschlossen werden. Vielerorts gibt es schon »Raum in der Herberge«, zum Beispiel zum Begegnen in einem ehemaligen Café oder ein leer stehendes Pfarrhaus für einige Familien. Vielleicht ändern sich dann die Rollen. Das Drehbuch wird neu geschrieben. Der Hausbesitzer muss nicht mehr grimmig dreinschauen, sondern wedelt einladend und aufgekratzt mit den Armen. Viele Kolleginnen und Kollegen helfen ihm. Elias und Rania brauchen sich nicht mehr wie Fremde vorzukommen. Sie können zeigen, was in ihnen steckt. Sie bringen einen Hauch von Bethlehem mit. So werden die Einheimischen die Beschenkten. Ein Rollentausch. Göttlicher Glanz verwandelt die Menschen. Menschen, die einander fremd waren, sehen sich als Geschwister an. Kinder des einen, himmlischen Vaters. Sie lernen voneinander. Sie lachen, weinen, streiten und versöhnen sich miteinander. Bethlehem heute.*

Gott kommt auch heute dort zur Welt, wo ihm aufgetan wird. Wo die Türen offen sind und die Herzen leer. Wo Menschen in aller Heimatlosigkeit ein Stückchen Zuflucht finden. In aller Unrast ein wenig Ruhe. Wo Menschen sich nicht ängstlich abgrenzen, sondern sich dem Fremden öffnen. Wo von Terror und Krieg vertriebene Menschen Hilfe erfahren und aufgenommen werden. In allem Frost – ein wenig Wärme. In aller Heimatlosigkeit – ein Stückchen Zuflucht. In aller Unrast – ein wenig Ruhe. Dass ihnen jemand Gehör schenkt und ihre Gefühle wahrnimmt. Dass sie eine leise Ahnung bekommen: Gott ist doch nicht so fern. Gott sagt Ja zu den Menschen. Zu ihrer Niedrigkeit und Armseligkeit. Er ist selbst in all die Engen und Bindungen und steinernen Tröge der Menschenkinder hineingekrochen. Er hat sich selbst in die erstickende Enge eines heruntergekommenen Landstriches mit Staatsterror, Besatzungsmächten und Gegenterror platziert. Er hat es nicht gescheut, sich einzulassen auf die furchtbaren Plätze einer hoffnungslosen Zeitsituation, einer trostlosen Umgebung. Er hat sich den Folterplätzen, den Plätzen des Scheiterns ausgesetzt. So hat er Platz gefunden unter den Menschen, obwohl ihn die Menschheit des Platzes verwiesen hat. Er aber hat den Platz freigehalten. Für dich. Für jeden von euch. Genau darin zeigt der Allmächtige seine tiefe Solidarität mit allen Menschen am Rande, mit allen, die nach Herberge für ihr Leben suchen, mit allen, die leiden und geschunden sind. Gott sonnt sich nicht im Glanz der Mächtigen, sondern wohnt bei den Ohnmächtigen auf der Schattenseite. So holt dich die Geschichte von Bethlehem auch heute aus der Hektik in die Stille, aus dem Kampf der Interessen in das Geschenk der Gemeinschaft, aus der Verachtung der Feinde in die Hochachtung für den Menschen. Diese Geschichte treibt weg von den selbstgeformten Götzen und führt hin zu dem lebendigen Gott. Deshalb sind Gott und Mensch über die Brücke der Liebe fest miteinander verbunden. Es ist die Liebe, die vom Allmächtigen her tröstend in dein Leben und in das Leben deiner Mitmenschen strömt. Die eine untrennbare göttliche Liebe, die allein dem Leben bleibenden Wert gibt. Die Erfahrung dieser Liebe Gottes ist der Wurzelgrund einer neuen Gemeinschaft, der Anbruch einer neuen Zivilisation der Menschlichkeit.

## Eine Botschaft von höchster Stelle an ausgegrenzte Typen

In dieser Gegend lagerten Hirten auf freiem Feld und hielten Nachtwache bei ihrer Herde. Da trat ein Engel des Herrn zu ihnen und die Herrlichkeit des Herrn umstrahlte sie und sie fürchteten sich sehr. Der Engel sagte zu ihnen: Fürchtet euch nicht, denn siehe, ich verkünde euch eine große Freude, die dem ganzen Volk zuteilwerden soll: Heute ist euch in der Stadt Davids der Retter geboren; er ist der Christus, der Herr. Und das soll euch als Zeichen dienen: Ihr werdet ein Kind finden, das, in Windeln gewickelt, in einer Krippe liegt. Und plötzlich war bei dem Engel ein großes himmlisches Heer, das Gott lobte und sprach: Ehre sei Gott in der Höhe und Friede auf Erden den Menschen seines Wohlgefallens. Und es geschah, als die Engel von ihnen in den Himmel zurückgekehrt waren, sagten die Hirten zueinander: Lasst uns nach Bethlehem gehen, um das Ereignis zu sehen, das uns der Herr kundgetan hat! So eilten sie hin und fanden Maria und Josef und das Kind, das in der Krippe lag. Als sie es sahen, erzählten sie von dem Wort, das ihnen über dieses Kind gesagt worden war. Und alle, die es hörten, staunten über das, was ihnen von den Hirten erzählt wurde. Maria aber bewahrte alle diese Worte und erwog sie in ihrem Herzen. Die Hirten kehrten zurück, rühmten Gott und priesen ihn für alles, was sie gehört und gesehen hatten, so wie es ihnen gesagt worden war. (Lk 2,8–20)

*Josef, das musste doch für dich und Maria eine überwältigende Überraschung gewesen sein, als plötzlich Hirten vor dem Eingang der Stall-Höhle standen und den Erlö-*

*ser der Welt sehen wollten. Erzählten sie euch, wie es zu diesem ungewöhnlichen Besuch kam?*

Beim näheren Hinsehen erkannte ich einen von ihnen wieder. Es war der junge Hirte mit dem Namen Elija, der uns kurz vor Bethlehem Milch angeboten und Maria zur Rast eingeladen hatte.

Voller Aufregung begann er zu berichten: »Wir hatten kurz vor Bethlehem unser Lager aufgeschlagen, um auf die Schafe aufzupassen. Als Hirten mussten wir bei Wind und Wetter auf den Feldern sein. Tag und Nacht hielten wir Wache und kamen gerade so über die Runden. Es war wirklich ein harter Job. Von Lagerfeuer-Romantik keine Spur. Auch für Träume blieb da keine Zeit. Wir schufteten für unser Auskommen. Obwohl unsere Arbeit unentbehrlich war, erhielten wir von unseren Mitmenschen wenig Ansehen. Oft wurden wir als Analphabeten von der damaligen Gesellschaft gemieden und gemobbt. Als abgerissene Typen. Tierisch gemuffelt und einiges an Dreck an sich. Als Unterschicht, verachtet und von vielen verhasst. Als Menschen zweiter Klasse. Wir fühlten uns wirklich klein, schwach und angreifbar. Der Mond stand in dieser Nacht im Zenit und segelte friedlich durch einen mit Sternen besäten Himmel. Die kahlen Bäume schienen höher und schwärzer auf dem lichtüberfluteten Boden. Unsere Schafe begannen zu blöken. Vielleicht glaubten sie wegen der Helle, die der Mond verbreitete, dass der Tagesanbruch schon nahe sei. Aber das ungewöhnliche Licht nahm mehr und mehr zu. Als ob der Trabant sich der Erde näherte. Ich hielt einen Arm über die Stirn, um die Augen zu schützen und schaute in die Höhe. Das Licht blendete mich. Ich rief meine Gefährten. Eine bunte Schar Männer mit struppigen Haaren. Sie machten ihre Bemerkungen über diese eigenartige Erscheinung. Ehrlich gesagt, ich hatte Angst. Damit setzte ich mich ihrem Spott aus.

›Wovor fürchtest du dich, du Dummkopf?‹, sagte der Älteste. ›Siehst du nicht, wie ruhig die Luft ist? Hast du noch nie den Mond leuchten sehen?‹

Aber ich hörte schon nicht mehr zu. Auch meine Angst war verflogen. Ich schaute weiter in die Höhe wie einer, der von irgendeinem Bann gefesselt ist. Plötzlich schrie ich: ›Oh!‹ und blieb mit halbgeöffneten Armen wie angewurzelt stehen. Die anderen blickten mich erstaunt an.

›Was hat denn dieser dumme Junge?‹, fragte einer. ›Morgen schicke ich ihn zu seiner Mutter zurück. Ich will keinen Verrückten zum Hüten meiner Schafe.‹

Aber der Älteste meinte: ›Sehen wir nach, bevor wir urteilen! Ruft auch die anderen, die noch schlafen! Holt die Stöcke! Vielleicht sind wilde Tiere oder Straßenräuber in der Nähe.‹ Sofort eilten die restlichen Hirten mit Fackeln und Knüppeln zu uns.

›Dort, dort!‹, sagte ich lächelnd. ›Dort über dem Baum! Schaut, welch ein Licht auf uns zu kommt! Oh, wie schön ist es!‹

›Ich sehe nur einen helleren Schein‹, bemerkte einer.

›Ich auch‹, bestätigte ein anderer.

›Auch ich!‹, schrien jetzt alle.

›Nein, ich sehe etwas wie einen Körper!‹, rief ich. ›Es ist ein Engel! Seht, er kommt herab und nähert sich uns.‹ Wir alle brachten nur ein langes und ehrfurchtsvolles ›Oh!‹ heraus. Dann fielen wir nieder und richteten unser Gesicht zu Boden. Der Engel kam immer näher. Weiß schimmernd im milchigen Mondlicht.

›Fürchtet euch nicht!‹, hörten wir seine überirdische Stimme. ›Ich bringe kein Unheil. Vielmehr die Kunde einer großen Freude für alle Völker der Erde. Heute ist in der Stadt Davids der Erlöser geboren!‹

›Ihr werdet das Kind finden‹, bestätigten es die himmlischen Heerscharen von ganz oben her. Bei dieser Ankündigung schien ein Funkenregen von Gold und kostbaren Steinen niederzugehen. Die Lichtgestalt beugte sich wie zur Anbetung nieder, die Arme kreuzweise über dem Herzen verschränkt. Das Antlitz des Engels leuchtete wie die Sonne.

›Daran werdet ihr es erkennen‹, fuhr er fort. ›In einem armen Stall am Rande von Bethlehem findet ihr ein Neugeborenes. In Windeln gewickelt und in einer Krippe liegend; denn für den Messias war kein Platz in der Stadt.‹ Plötzlich sahen wir auf einer Himmelleiter jubelnd Engel herabsteigen, die den Mond mit ihrem paradiesischen Licht weit überstrahlten. Dann hörten wir einen Wohlklang von Tönen in den schönsten Stimmen der Schöpfung und in höchster Vollkommenheit. Bald wurde der Gesang schwächer und schwächer. Ebenso das Licht, während die Engel wieder zum Himmel aufstiegen. Es war ein Wechselbad aus Furcht, Freude und Neugier.«

»Und wie fandet ihr den Weg zu uns?«, fragte ich gespannt weiter, nachdem der Hirte seinen Bericht beendet hatte

»Durch die persönliche Zusage ›euch ist heute in der Stadt Davids der Heiland geboren‹ erhielten wir den Wink, wo wir das Kind finden konnten«, fuhr Elija fort.

»Habt ihr euch dann gleich aufgemacht?«, bohrte ich weiter.

Elija erzählte: »Ich fragte die anderen Hirten: ›Sollen wir hingehen, um nachzusehen?‹

›Und die Tiere?‹, wandte der Älteste ein.

›Oh, es wird ihnen nichts geschehen!‹, meinte ich zuversichtlich.

›Dein Wort in Gottes Ohr! Aber wie sollen wir die Mutter mit dem Neugeborenen erkennen?‹

›Kommt, ich weiß es! Ich habe die Frau gesehen und gab ihr Milch, weil ich Mitleid mit ihr hatte. Sie ist sehr jung und schön. Ich ahnte schon, dass sie keine Unterkunft finden würden. Ich kenne die Fundstelle. Kommt, kommt! Nehmen wir Milch, Käse und Felle mit. Sie müssen sehr bedürftig sein. Ich bringe mein Schaf mit, das vor einem Monat ein Junges bekam und jetzt gute Milch hat. Es wird dem Kind nützlich sein, wenn die Frau keine Milch hat.‹

So marschierten wir im Mondlicht und beim Schein der Fackeln los. Der Weg führte auf Feldwegen zwischen Dornenhecken in Richtung Bethlehem. Wir konnten nicht mehr bei unserem Alltag stehen bleiben. Wir mussten uns persönlich überzeugen. Die Geschichte sehen, die uns zugesprochen wurde. Das hoffnungsvolle Wort der Engel ließ unsere Gesichter aufleuchten: Freude wurde verheißen für das ganze Volk. Für alle, die den Erdkreis bewohnen. Der Retter – für uns geboren! Ein Geschenk des Himmels mitten hinein in diese dunkle Welt. Ein Wort und sein Zeichen: das Wickelkind in der Krippe. Wir mussten es selbst sehen, hören, wahrnehmen. Schließlich erreichten wir den Stall«, beendete der junge Hirte seinen Bericht. »Dürfen wir den neu geborenen Retter der Welt sehen? Wir sind gekommen, um ihn anzubeten.«

*Josef, was hast du den Hirten geantwortet?*

»Tretet ein!«, ermunterte ich sie. Der Älteste schubste Elija an.

»Geh du voraus! Du hast den Engel zuerst gesehen. Vorher hatten wir dich für verrückt gehalten. Aber jetzt sind wir eines Besseren belehrt.« Der Bursche zögerte erst ein wenig.

Dann fasste er Mut und näherte sich der Höhlen-Öffnung, hobt ein wenig meinen vorgehängten Mantel an, schaute und blieb entzückt stehen.

*»Nehmt das, was unsere Armut euch geben kann«, sagten die Hirten zu Josef und Maria.*

»Was siehst du?«, fragten die Hirten ihn mit leiser Stimme.

»Ich sehe diese junge, schöne Frau. Ich höre … höre ein Baby weinen. Die Frau spricht zu dem Säugling.«

»Was sagt sie?«

»Sie sagt: ›Jesus, mein kleiner Jesus! Du Liebe deiner Mutter! Weine nicht, mein Kind!‹ Sie sagt: ›Ich möchte dir Milch geben, mein Kleiner! Aber ich habe noch keine.‹ Sie sagt: ›Du bist so kalt, mein Liebes! Und dich sticht das Heu. Was für ein Schmerz für deine Mutter, dich so weinen zu hören und dir nicht helfen zu können!‹ Sie sagt: ›Schlafe, meine Seele! Denn mein Herz zerspringt, wenn ich deine Tränen sehe!‹ Jetzt küsst sie das Neugeborene und wärmt mit ihren Händen seine Füßchen.«

»Rufe! Mach dich bemerkbar!«, feuerten die anderen Hirten den Jungen an. Dieser öffnet den Mund, brachte aber kein Wort heraus.

*Wie reagierte Maria darauf?*

Sie wandte sich um und lächelte. »Kommt!«, sagte sie. »Kommt!«

Dabei machte sie eine einladende Geste und winkte Elija mit der Hand zur Krippe. Als Maria auch die anderen aufgefordert hatte, doch näher zu kommen, legten sie ihre Geschenke in ehrfurchtsvollem Schweigen zu ihren Füßen.

»Nehmt das, was unsere Armut euch geben kann. Wir sind Hirten.«

»Auch wir sind arm. Und wir können es euch nicht vergelten«, antwortete ich.

»Oh, wir wollen nichts! Auch wenn ihr könntet, wir würden nichts nehmen. Der Allmächtige hat es uns schon vergolten. Er hat allen Menschen guten Willens den Frieden durch die Engel versprochen.«

Dann schauten die Hirten gerührt auf das Neugeborene, das leise weinte. Der Beherztere reichte Maria ein Schaffell.

»Nimm das, Mutter! Es ist weich und sauber. Ich habe es für mein Kind vorbereitet, das meine Frau erwartet. Aber ich gebe es dir. Lege deinen Sohn in diese Wolle. Sie wird ihn wärmen.«

Ein anderer schlug jetzt vor: »Man sollte dem Kind einen Schluck Milch geben. Das tut dem Kleinen sicherlich gut. Ich habe sieben Kinder und weiß, was das bedeutet. Hier ist die Milch. Nimm sie, oh Frau! Aber sie ist kalt. Sie muss warm sein.« Da räusperte sich Elija.

»Ich könnte sofort das Mutterschaf melken«, meinte er beschämt, plötzlich im Mittelpunkt zu stehen. Maria lächelte ihm zu.

»Du bist so gütig.«

Das ließ er sich nicht zweimal sagen und begann sein Schaf zu melken. Mit der Spitze eines in die warme und schäumende Milch getauchtes Linnen-Tüchleins benetzte

Maria die Lippen ihres Kindes. Alle freuten sich, als der kleine Jesus mit dem Linnenzipfel zwischen den Lippen und in das warme Fell gebettet, selig einschlief.

»Was können wir für dich tun?«, fragte einer zu Maria hingewandt.

»Meinen Sohn lieben und stets im Herzen die Gedanken hegen, die ihr jetzt habt.«

»Wir müssen jetzt gehen. Aber wir kommen wieder«, sagte der Älteste. »Wie können wir zur Herde zurückkehren und dieses Kind vergessen? Auf jeden Fall werden wir allen, denen wir begegnen, diese weltbewegende Botschaft weitersagen. Wir können die gute Nachricht keine Sekunde für uns behalten.«

»Lasst uns noch sein Kleid küssen!«, sagte Elija mit einem Lächeln. Maria nahm Jesus vorsichtig aus der Krippe, und auf dem Heu sitzend hielt sie ihnen das Kind hin. Die Hirten verneigten sich und küssten seine Füßlein. Fast alle weinten. Als sie schließlich aufbrachen, gingen sie rückwärts hinaus und ließen ihr Herz zurück.

*Dass Hirten die Kinnladen herunterklappten, als auf dem Feld ein Engel zu ihnen sprach und dass es noch dicker kam, als plötzlich die Menge der himmlischen Heerscharen sich lobend und singend dazu gesellte, halten heute viele Menschen für eine rührende Geschichte mit Hirtenromantik, aber nicht viel mehr. Ich stelle mir einmal diese Szene so vor: Ich bin bei der Arbeit und auf einmal passiert mir sowas. Engel stehen um mich herum und singen Gospelmusik. Die Klarheit des Herrn umleuchtet mich. Und ich weiß: Das ist kein Tinnitus als Vorzeichen eines vorweihnachtlichen Burnouts. Das hier sind Gottes Engel, die zu mir sprechen. Wenn mir so etwas passieren würde, hätte ich da noch Zweifel? So etwas wie hier mit den Hirten und der Engelnummer. Das würde mir sicherlich helfen. Das ist doch was Handfestes. Aber so etwas ist mir bisher noch nicht passiert. Wie kann ich glauben, dass Gott Mensch wurde und als Kind in einem Futtertrog lag? Andererseits, warum machten sich die Hirten eigentlich auf den Weg, um das Baby zu sehen? Wenn sich bereits die Engelschöre vor mir aufgebaut und diese Ansage gemacht hätten, da könnte ich mir den Weg in den Stall doch sparen. Bräuchte ich da noch einen Beweis? Ein Zeichen, wie die Engel sagten?*

Der Allmächtige wollte offensichtlich, dass die Hirten damals sich suchend auf den Weg machten, um Gott in einem Säugling zu begegnen. Sie fanden eigentlich nur das, was ihnen die Engel versprochen hatten: Zwei Menschen mit einem neugeborenen Kind. Kein Heiligenschein um sein Köpfchen. Dazu noch in einem Stall. Kein Sternenschimmer am Himmel über ihm. Kein Lichterglanz. Nur meine armselige Funzel. Da war nur Strohgeraschel. Keine Engelschöre. Da waren nur Maria und ich und das Baby. Keine himmlischen Heerscharen. Und dennoch gingen ihnen die Augen auf.

*Die Hirten kehrten zu ihrem gewohnten Alltag zurück. In ihren Herzen herrschte jedoch eine Freude, die ihnen niemand mehr nehmen konnte; denn sie hatten den neugeborenen Erlöser der Menschheit gesehen.*

So voll wurden ihre Herzen von dem, was sie erleben durften. Sie sahen in Jesus mehr als nur ein Baby, das gewickelt in einer Krippe lag. Sie sahen ihren Erlöser. Sie sahen sich selbst als Befreite. Sie sahen den, der eine große Freude für alles Volk sein wird.

*Auf den Hirtenfeldern in der Nähe von Bethlehem wird das »Grab der heiligen Hirten« verehrt.*

Sie sahen den Messias, auf den alle hofften. Aus der Vorfreude wurde Freude, aus der Hoffnung Gewissheit, aus Hörenden wurden Verkündigende. Das gilt auch für dich heute in der Begegnung mit Gott.

*Und wo findet heute meine Begegnung mit Gott statt? Bestimmt nicht im großen Finale beim »Gloria« der Engel. Auch nicht im gleißenden Licht eines himmlischen Wesens draußen in der kalten und dunklen Nacht.*

Um anzukommen, musst du wie die Hirten erst einmal losgehen, dich auf den Weg machen. Du fängst an zu suchen. Es gibt viel zu viele Menschen, die bereits alles wissen, ohne jemals losgegangen zu sein. Wahrscheinlich aus dem Internet. Da steht ja alles drin. Mach dich auf den Weg. Sei Suchender. Und halte die Augen offen. Dann wirst du sehen. Da wird Gott dir begegnen. Er lässt sich finden. Er möchte in dein Leben kommen mit all seinen Ecken und Kanten; denn er liebt dich ohne Ende. Er ist für dich durch die Hölle gegangen, damit du es nicht musst.

*Wie verhält es sich eigentlich mit den Engeln? Kinder glauben bestimmt an sie! Aber es gibt auch schlaue Besserwisser, die leichthin behaupten, dass es Engel gar nicht geben kann. Du hattest ja eine Begegnung mit diesen fernen Gottesboten und unnahbaren Traumgestalten. Was kannst du mir dazu sagen?*

Dann frage ich dich: Was geschieht eigentlich, wenn entgegen allen Voraussagen ein Wunder geschieht? Die Rettung eines Verschütteten aus 1000 Metern Tiefe. Ein Unfall, der in letzter Sekunde verhindert wird. Ein Krebskranker, der ungeahnte Heilkraft in sich entdeckt, als ob ihm ein Unsichtbarer den Rücken stärkt. Woher kommen die wunderbaren Erfahrungen vom Behütet-Sein? Die unerwarteten Momente, wenn ein Mensch dem anderen unverhofft Glück und Freude schenken kann? Hat da nicht doch ein Engel die Hand im Spiel? Als Realist weiß ich, dass es mehr gibt als das, was wir mit unseren Sinnen wahrnehmen.

Engel können die Nacht hell machen. Sie können begleiten durch dunkle Schluchten. Engel sind die Briefträger Gottes für gute Nachrichten. Sie reden durch Träume und bringen Menschen auf den richtigen Weg. Engel können auch Furcht einflößen. Darum beginnt ihre Botschaft oft mit den Worten: »Fürchtet euch nicht!« Engel sind die unsichtbaren Wesen der Liebe Gottes. Mit ihnen kommt Gottes Friede zu den Menschen.

*Manchmal frage ich mich, warum Gott in einer Stall-Höhle und nicht im römischen Kaiserpalast zur Welt gekommen ist. Nicht auf weichen Kissen. Begleitet von Ärzten, Schwestern und Hebammen. Nicht mit ausgewogener Ernährung, saugfähigen Windeln. Nicht in geheizten Räumen. Auch nicht mit Böllerschüssen, Gratulationsempfang ausländischer Staatsvertreter und Soldaten zur Bewachung vor der Tür.*

Gott kommt anders. Er braucht keine reichen Schlösser. Er verlässt seinen himmlischen Palast und kommt als kleiner Mensch, als Baby auf diese Erde. Seine Visitenkarte ist Krippe und Windeln.

*Als Familienvater weiß ich, dass Windeln nichts Romantisches an sich haben und keinen wohlriechenden Weihnachtsduft verbreiten.*

Das zeigt, wie sehr dir Gott nahegekommen ist. Räumlich nahe hätte er auch als König, als Herrscher kommen können. Doch was hättest du davon? Er wäre dann in einer anderen Liga. Aber er spielt nicht in der Champions League, sondern in der Kreisklasse. Er ist ein heruntergekommener Gott. Er redet nicht von oben herab mit dir, sondern von unten herauf.

*Wir alle aber ticken normalerweise genau andersherum. Wir streben nach Höherem, nach mehr Anerkennung, Glück, Erfolg, Geld. Und doch kriegen wir die Wahnsinnsprobleme offenbar nicht mehr in den Griff: Klimawandel, Kriege, Wirtschaftskrise, Pandemien. Die Sorge um die Arbeitsstelle oder den Studienplatz. Die Sorge um die Gesundheit. Weil wir in einer Welt leben, wo schon kleine Kinder Krebs, Aids oder Covid-19 haben. Wir spüren die Ohnmacht über die Verhältnisse, die wir nun mal nicht ändern können. Wir haben Sehnsucht nach Dingen, die wir nicht haben. Wir wissen manchmal nicht, wo uns der Kopf steht. Wir fühlen uns so klein, schwach und verletzlich. Wie soll ich glauben, dass auch heute Jesus der Retter der Welt ist?*

Wenn du glauben willst, musst du den Verstand nicht ausschalten. Ganz im Gegenteil. Du sollst dich überzeugen, die Bilder prüfen, der Sache auf den Grund gehen, das Gehörte ernstnehmen. Obwohl du klein, verletzlich und angreifbar bist, wird dir heute durch das Kind in der Krippe gesagt: »Obwohl du als Mensch manchmal wie ›Gott in Frankreich‹ sein möchtest, wollte ich als der wahre Gott Mensch wie du sein. Du brauchst keine Angst zu haben. Ich habe gute Nachrichten für dich. Ich werde dich aus dem Schlamassel rausholen.« Der erste Würdetitel, den Jesus von den Engeln bekam, ist Retter. Ein Titel, der sonst nur dem Kaiser zustand. Die Engel sagten nicht: Euch ist heute der Lehrer geboren, der sagt, was ihr zu tun und zu lassen habt. Die Engel sagten auch nicht: Euch ist der Richter geboren, der sagt, was bei euch nicht in Ordnung ist. Hier heißt es aber: der Retter, der dein Leben rettet.

*Offensichtlich braucht jeder von uns auf diesem blauen Planeten nichts dringlicher als einen Retter.*

Aber nicht irgendein Typ, sondern nur Jesus kann dein Leben wieder heil machen. Indem er sich klein macht, schiebt er sich quasi deinem Leben unter. Mit all den Macken, die zu dir gehören. Er hält sie aus und trägt sie. Er hat eine Schwäche für deine Schwächen. Er wurde klein, um dich groß zu machen. Um dich aufzuheben, wenn du fällst, wenn du traurig bist. Er hat Interesse an dir, deinen Problemen und Ängsten. Er will dein Freund und Wegbegleiter sein. Jesus bewahrt dich nicht vor allen Problemen, aber er hilft dir hindurch. Er geht mit dir durch dick und dünn. Du musst also keine Angst vor dem Leben und seinen Herausforderungen haben. Wenn du dem Kind in der Krippe vertraust, wachsen in dir Hoffnung und Zuversicht. Auch wenn du Stress in manchen Beziehungen hast. Auch wenn sich deine gesellschaftlichen Probleme nicht gleich positiv verändern. Wenn du dem Kind in der Krippe vertraust, weißt du dich gehalten, fällst du nicht ins Bodenlose, bist du nicht allein. Du spürst ein bisschen Himmel auf Erden. Das kann ich dir aus eigener Erfahrung bestätigen.

## Eine schicksalhafte Voraussage zweier Senioren

Als sich für sie die Tage der vom Gesetz des Mose vorgeschriebenen Reinigung erfüllt hatten, brachten sie das Kind nach Jerusalem hinauf, um es dem Herrn darzustellen, wie im Gesetz des Herrn geschrieben ist: Jede männliche Erstgeburt soll dem Herrn heilig genannt werden. Auch wollten sie ihr Opfer darbringen, wie es das Gesetz des Herrn vorschreibt: ein Paar Turteltauben oder zwei junge Tauben. Und siehe, in Jerusalem lebte ein Mann namens Simeon. Dieser Mann war gerecht und fromm und wartete auf den Trost Israels und der Heilige Geist ruhte auf ihm. Vom Heiligen Geist war ihm offenbart worden, er werde den Tod nicht schauen, ehe er den Christus des Herrn gesehen habe. Er wurde vom Geist in den Tempel geführt; und als die Eltern das Kind Jesus hereinbrachten, um mit ihm zu tun, was nach dem Gesetz üblich war, nahm Simeon das Kind in seine Arme und pries Gott mit den Worten: Nun lässt du, Herr, deinen Knecht, wie du gesagt hast, in Frieden scheiden. Denn meine Augen haben das Heil gesehen, das du vor allen Völkern bereitet hast, ein Licht, das die Heiden erleuchtet, und Herrlichkeit für dein Volk Israel. Sein Vater und seine Mutter staunten über die Worte, die über Jesus gesagt wurden. Und Simeon segnete sie und sagte zu Maria, der Mutter Jesu: Siehe, dieser ist dazu bestimmt, dass in Israel viele zu Fall kommen und aufgerichtet werden, und er wird ein Zeichen sein, dem widersprochen wird, – und deine Seele wird ein Schwert durchdringen. So sollen die Gedanken vieler Herzen offenbar werden.

**Damals lebte auch Hanna, eine Prophetin, eine Tochter Penuëls, aus dem Stamm Ascher. Sie war schon hochbetagt. Als junges Mädchen hatte sie geheiratet und sieben Jahre mit ihrem Mann gelebt; nun war sie eine Witwe von vierundachtzig Jahren. Sie hielt sich ständig im Tempel auf und diente Gott Tag und Nacht mit Fasten und Beten. Zu derselben Stunde trat sie hinzu, pries Gott und sprach über das Kind zu allen, die auf die Erlösung Jerusalems warteten. Als seine Eltern alles getan hatten, was das Gesetz des Herrn vorschreibt, kehrten sie nach Galiläa in ihre Stadt Nazareth zurück. Das Kind wuchs heran und wurde stark, erfüllt mit Weisheit, und Gottes Gnade ruhte auf ihm. (Lk 2,22–40)**

*Josef, ihr konntet sicherlich nur vorübergehend im dem Stallhöhle bleiben. Was geschah dann?*

Ich schaute mich in Bethlehem für eine vorübergehende Bleibe um, sobald die vielen Menschen nach ihrer Eintragung in die Steuerlisten wieder abgezogen waren. Ich fand ein Haus, in dem wir Unterschlupf fanden, um dann alsbald nach Nazareth zurückzukehren.

*Musstet ihr nicht nach der religiös vorgeschriebenen Reinigung Mariens nach vierzig Tagen im Tempel von Jerusalem vorstellig werden, um das Kind gemäß dem jüdischen Gesetz als Erstgeborenes dem himmlischen Vater zu weihen?*

Ja genau. Aber vorher ließen wir acht Tage nach der Geburt Jesu das Kind beschneiden, wie es Gott für alle Nachfahren Abrahams im Buch Genesis 17,9–14 vorgeschrieben hatte.

*War die Beschneidung mit der Namensgebung des Kindes verbunden?*

Ja. Der Name wurde normalerweise von seinem Vater herausgesucht. Bei Jesus aber nicht von mir, sondern von Gott selbst. Er war ja der Vater von Jesus. Als der Engel Gabriel Maria erschien und ihr von dem Plan Gottes erzählte, sagte er ihr auch, dass das Kind den Namen Jeschua – Jesus, übersetzt: Gott rettet – bekommen solle.

*Wie lief eigentlich die Darstellung Jesu im Tempel ab? Diese Bezeichnung mag für manche einen negativen Klang haben. Kinder sind doch keine Vorzeigepüppchen, die man »darstellt«. Auch das Jesuskind nicht!*

Aber es ging gar nicht ums Vorzeigen, sondern darum, dass Jesus zum ersten Mal in das Haus seines himmlischen Vaters gebracht wurde. In den Tempel. Vor Gottes Angesicht, weil er, wie alle Erstgeborenen Gottes Eigentum war. Zunächst galt eine Frau nach der Geburt eines Sohnes als unrein und verblieb insgesamt vierzig Tage nach Levitikus 12,2–4 in einem Status der Reinigung. Erst nach dieser Phase durfte sie wieder zum Tempel gehen und für sich von einem Priester ein Versöhnungsopfer darbringen lassen. Nun war es so weit.

Als ich an jenem Morgen den Hahn krähen hörte, fuhr ich erschrocken hoch. Hatte ich verschlafen? Nein, die Sonne ging gerade erst auf. Das war gut so. Wollte ich doch mit Maria und dem Kind zum Tempel nach Jerusalem ziehen. Nun war es an der Zeit, dass wir dem Allmächtigen unser Opfer darbrachten. Ein Schaf und eine Taube. Ich zog mein kleines Geldsäckchen unter meinem Nachtlager hervor und öffnete es. Groß war es nicht und auch nicht dick. Ich überschlug, wie viel drinnen war. Traurig blickte ich zu Maria hinüber, die Jesus gerade stillte.

»Gerne hätte ich heute Gott ein Schaf geopfert«, erklärte ich ihr. »Aber wir können es uns nicht leisten. Die Münzen reichen gerade, um zwei Tauben zu kaufen. Gott sei Dank sagt das Gesetz, dass für weniger begüterte Menschen ersatzweise zwei Turteltauben oder andere Tauben genügen. Ich war ja seit über 45 Tagen nicht mehr in Nazareth bei der Arbeit. Auch wenn ich in Bethlehem zwischenzeitlich so manche Gelegenheitsarbeit finde, kommen wir geradeso über die Runden.« Maria nickt nur stumm.

»Der himmlische Vater weiß, dass wir nicht reich sind«, meinte sie schließlich und streichelte Jesus über sein Köpfchen, während der Kleine angestrengt vom Stillen schnaufte. Dann machten wir uns auf den Weg in das nahe gelegene Jerusalem. Für uns ein ganz besonderer Tag. Heute wollten wir Jesus auslösen, da jedes erstgeborene Kind und jedes erstgeborene Tier Gott gehörten. Maria trug mit großer Sorgfalt Jesus in ein weißes Tuch gewickelt auf den Armen. Sie wirkte etwas bleich im Gesicht, aber immer liebenswürdig in all ihrem Tun. Auch sie war weiß gekleidet und trug einen hellblauen Mantel. Auf dem Haupt hatte sie einen weißen Schleier. Ich schaute sie an und lächelte ihr zu. Bevor sie auf den Esel stieg, wickelte ich mir die Zügel um den linken Arm und hielt mit der Rechten für einen Augenblick das ruhig schlummernde Kind. Als Maria bequem im Sattel saß, gab ich ihr Jesus zurück. Ich ging zu Fuß an ihrer Seite und hielt die Zügel fest in der Hand. Dabei achtete ich darauf, dass das Tier nicht strauchelte. Maria hielt Jesus auf ihrem Schoß. Damit die kalte Luft ihm nicht schadete, legte sie noch ein Stück ihres Mantels über das Kind. Wir sprachen wenig, aber lächelten uns oft zu. Die Straße befand sich nicht gerade in einem musterhaften Zustand. Bisweilen begegnete uns der eine oder andere Reisende oder überholte uns.

*Wie lange ward ihr unterwegs?*

Etwa vier Stunden. Dann tauchten die mit Zinnen versehenen Mauern von Jerusalem auf. Wir gingen durch eines der Stadttore. Das Pflaster war holprig. Wir kamen nur schwer vorwärts. Auf der Straße herrschte Geschrei. Viele Menschen waren zu Fuß oder beritten unterwegs. Auch Eselstreiber mit beladenen Tieren. Einmal ritt an uns mit viel Hufgeklapper und Waffenklirren eine Abteilung römischer Legionäre vorbei, die in einer steinigen, engen Gasse verschwanden. Häufig musste ich den Esel anhalten, damit das Tier wegen der Löcher im Pflaster nicht stolperte und Maria mit dem Kind in Gefahr brachte. Die enge Straße stieg an zwischen hohen Häusern mit schmalen, niedrigen Türen und kleinen Fenstern. Der Himmel zeigte sich nur in hellblauen Ausschnitten dazwischen. Ich bog nach links ab und nahm einen breiteren und schöneren Weg. Nahe einer der Pforten befand sich eine Art Stallung für Lasttiere. Besser gesagt ein Wetterdach, wo Stroh gestreut war und Pflöcke mit Ringen für die Vierfüßler zum Anbinden angebracht waren. Ich half Maria und dem Kind vom Esel absteigen. Dann gab ich einem jungen Mann ein paar Münzen für etwas Heu, holte Wasser in einem Zinkeimer aus einem einfachen Ziehbrunnen und tränkte unser Lasttier. Anschließend betraten wir den Tempelbereich. In einem mit Säulenhallen umgebenen Hof schrien Geldwechsler den aktuellen Kurs lauthals heraus. Verkäufer boten Turteltauben und Lämmer an.

*Habt ihr dort eure Opfergabe gekauft?*

Ja. Ich erstand zwei weiße Täubchen. Nun begaben wir uns an die Ostseite des Tempels beim Nikanortor. Ein Priester eilte herbei. Maria überreichte ihm die beiden Täubchen als Reinigungsopfer. Der Priester schlachtete sie und besprengte anschließend Maria mit dem Blut. Dann traten wir in Begleitung des Priesters in den weiteren Bereich der Tempelanlage. Im Vorhof der Frauen blieb Maria mit dem Kind auf dem Arm stehen.

Der kleine Jesus war nun aufgewacht. Mit erstauntem Blick wendete er sich dem Priester zu. Dieser nahm das Kind und hob es mit ausgestreckten und zum Tempel hingewandten Armen empor. Neugieriges Volk stand umher. Plötzlich verschaffte sich zwischen den Leuten ein gebeugter, hinkender Greis Platz. Er musste sehr alt sein, denn er stützte sich auf seinen Stab. Ich schätzte ihn auf über achtzig. Er näherte sich Maria und bat sie, ihm für einen Augenblick den Kleinen zu geben. Lächelnd erfüllte Maria seinen Wunsch. Wir wussten gar nicht, wie uns geschah, als der Alte freudestrahlend und mit glänzenden Augen zärtlich das Kind in die Arme nahm und es küsste. Jesus lächelte ihm zu, mit dem Gesichtsausdruck, der Säuglingen eigen ist. Und doch mehr: berührende Nähe. Fast Intimität strahlte von dem Kind aus. Es schien, als beobachte das Baby den ehrwürdigen Greis neugierig; denn dieser weinte und lachte zu gleicher Zeit. Tränen flossen aus seinen Augen und fielen glitzernd auf seinen langen, weißen Bart, nach dem Jesus seine Händchen ausstreckte. Dann begann der Alte zu singen.

*Und was sang er da?*

Kein Lied, das wir kannten, kein Lied, das er irgendwann einmal gelernt hatte, sondern ein neues Lied, das der Heilige Geist ihm eingab: »Nun lässt du, Herr, deinen Knecht, wie du gesagt hast, in Frieden scheiden«, sang er. Denn nun war der Retter da. Gott hatte sein Versprechen wahrgemacht. Der alte Mann verstand: Wenn ich Jesus als den Retter erkenne und an ihn glaube, kann ich in Frieden sterben. Sei es in der Jugend oder im Alter. Sei es im Bett oder im Straßengraben. Sei es sanft oder unter großen

Schmerzen. »Denn meine Augen haben deinen Heiland gesehen«, sang der Greis weiter.

*Was sah denn der alte Mann mit seinen möglicherweise schwachen Augen? Einen sechs Wochen alten Säugling auf seinem Arm? Ein Kind einfacher Eltern?*

Nein, diese Augen konnten ihm nicht gesagt haben: »Das ist er!« Aber er hatte ja gelernt, die Welt mit anderen Augen zu sehen. Mit den Augen des Geistes. Und so betrachtet wusste er, dass der Retter unscheinbar, arm und schwach kommen würde. »Dieser Heiland«, so jubilierte der Greis weiter, »ein Licht, das die Heiden erleuchtet.« Das bedeutete für ihn: »Er kommt für alle Völker. Keiner ist ausgeschlossen.« Ein bärtiger Mann, wahrscheinlich ein Mitglied des Synedriums, brach plötzlich in ein Gelächter aus und schüttelte den Kopf. Mit ironischem Mitleid schaute er auf den Betagten herab. Er glaubte wohl, dieser habe infolge seines Alters den Verstand verloren. Kannst du dir vorstellen, wie wir uns über diesen ehrwürdigen Greis und sein Lied wunderten? Aber ausgelacht hätten wir ihn niemals.

*In den Worten des alten Mannes kommt das Loslassen stark zum Ausdruck: »Nun lässt du, Herr, deinen Knecht, wie du gesagt hast, in Frieden scheiden.« Wie kann dieses Loslassen sich bei mir ereignen? Sollte ich eine Todessehnsucht im Herzen tragen?*

Keineswegs! Dein Loslassen ermöglicht dir erst die Offenheit für die Zukunft. Wenn du Jesus wirklich in deine Arme genommen hast, dann kannst du vieles loslassen, was dich sonst festhält. Dann kannst du dich wirklich öffnen für neue Erfahrungen. Mit Jesus in deinen Armen wirst du mit Zuversicht deinen Alltag bewältigen.

*Woher wusste eigentlich der alte Mann, dass dieses kleine Kind der Messias war? Woher, dass eure Familie eben zu diesem Zeitpunkt an eben diesem Ort auf dem riesigen Tempelbezirk war? Wer überhaupt in aller Welt war dieser Mensch?*

Wie sich herausstellte, hieß er Simeon. Er erzählte uns, wie es zu dieser Begegnung kam: Vor langer Zeit hatte er intuitiv durch den Heilige Geist verstanden, dass er nicht sterben werde, bevor er den Messias gesehen habe. Und so wartete er täglich auf sein Kommen. Doch an diesem Tag war alles anders. Er spürte, dass heute noch Großes geschehen werde. Wie von einem Magneten gezogen, trieb es den alten Simeon in den Tempel. Er spürte eine innere Unruhe, eine freudige Erregung. Er fühlte sich vom Geist Gottes getrieben. Er konnte nicht zu Hause sitzen bleiben. So schnell ihn seine alten Beine tragen konnten, lief er zum Tempel. Wie immer herrschte dort reger Betrieb. Viele Menschen strömten dorthin. Einige kamen, um dort zu beten. Andere führten Opfertiere mit. Rinder, Ziegen und Schafe. Wieder andere hatten Körbe im Arm oder Kiepen auf dem Rücken, um dem Herrn die ersten Früchte ihrer Ernte zu opfern. Im Vorhof klimperte das Geld: Wer kein Opfertier mitgebracht hatte, konnte hier noch schnell eins kaufen. Und wer gekommen war, seine Tempelsteuer zu bezahlen oder etwas zu spenden, der konnte hier jede gängige Währung in Tempelgroschen umtauschen, die Spezialmünze für das Heiligtum. Im Tempeltor streckten Bettler die Hände nach Simeon aus, die dort den ganzen Tag saßen. Manche Leute besuchten einfach nur aus Neugier den Tempel. Es kamen auch Ausländer von weit her mit schwarzen und gelben Gesichtern.

Aber wie sollte Simeon nun in all dem Gewimmel den Messias finden, den Retter, auf den er so sehnlich wartete? »Herr, zeige deinem Diener den Heiland, wie du gesagt hast«, betete er. Dann blickte er sich genau um. Er war oft genug im Tempel gewesen, um das Gewimmel richtig zu deuten. Da fiel ihm ein junges Ehepaar auf. Mann und Frau waren einfach gekleidet. Die Kleider mit Staub bedeckt. Sicher hatten sie einen längeren Fußweg hinter sich. Bestimmt waren es Leute vom Lande, nicht aus Jerusalem. Der Mann hat einen kleinen Holzkäfig in der Hand. Mit zwei Tauben darin. Die Frau trug einen Säugling auf dem Arm. Simeon konnte sich zusammenreimen, was diese Leute in den Tempel getrieben hatte: die zwei Tauben als das Reinigungsopfer. Eigentlich wäre aus diesem Anlass ein Schaf fällig, aber bei armen Leute drückte Gott wohl ein Auge zu. In diesem Moment zeigte dem Simeon der Heilige Geist: »Das ist er, der Heiland! Nein, nicht der junge Vater, sondern der Säugling! Das ist er!« Simeon stand leibhaftig vor dem Messias. Er hatte gar kein Zweifel daran, dass dieses armselige Baby der versprochene Retter Gottes sein musste. Segnend verabschiedete sich der greise Simeon von uns. Dann drehte er sich noch einmal um und gab Maria ein paar rätselhafte Worte mit auf den Weg: »Siehe, dieser ist dazu bestimmt, dass in Israel viele zu Fall kommen und aufgerichtet werden, und er wird ein Zeichen sein, dem widersprochen wird – und deine Seele wird ein Schwert durchdringen. So sollen die Gedanken vieler Herzen offenbar werden« (Lk 2,34–35). Auch wenn wir die Bedeutung dieser schockierenden Worte nicht verstanden, so hatte der Heilige Geist den alten Simeon wie durch einen Türspalt in die Zukunft schauen lassen. Maria näherte sich mir, um Trost zu finden und drückte in ihrem Schmerz das Kind an die Brust. Wenig später trat auch eine sehr alte Frau zu uns.

Es war die Prophetin Hanna mit ihren 84 Jahren. Schon früh hatte sie ihren Mann verloren. Seither verbrachte sie Tag und Nacht im Tempel und betete dort sehr viel. Auch Hanna begann beim Anblick dieses Kindes Loblieder zu singen. Wie eine dürstende Seele trankt Maria die Worte der Greisin in sich hinein, die ihr voraussagte, dass der

Ewige ihr die Stunde ihrer Leiden mit übernatürlicher Kraft lindern werde: »Frau, dem, der seinem Volk den Erlöser geschenkt hat, wird die Macht nicht fehlen, seinen Engel auszusenden, damit er dir in deinem Leid beistehe. Die Hilfe des Herrn hat den großen Frauen Israels nie gefehlt. Du bist viel größer als Judit und Rachel.«

*Die ganze Feier der Darstellung Jesu im Tempel wäre völlig normal abgelaufen, hätten damals nicht zwei Menschen dieser Normalität einen Strich durch die Rechnung gemacht: der greise Simeon und die greise Hanna, die Prophetin. Diese beiden reagierten plötzlich verzückt, als sie das Kind sahen. Schon eine fast unglaubliche Situation.*

Simeon und Hanna, zwei alte Menschen, die im Herzen jung geblieben waren, weil sie die Hoffnung in sich nicht sterben ließen. Simeon erkannte in diesem Kind die Erfüllung seines Lebens. All seine lebenslangen Sehnsüchte, Erwartungen und Hoffnungen wurden auf einen Schlag Wirklichkeit. Seine Augen sahen, wonach sie ein Leben lang Ausschau gehalten hatten. Jetzt konnte er endlich in Frieden sterben.

Bei Hanna war es ähnlich. Ihr Leben verlief alles andere als glücklich. Sechzig Jahre lang war sie nun Witwe. Was damals so viel bedeutete wie sechzig Jahre Einsamkeit, Armut. Ohne soziale Rechte. Ohne gesellschaftliche Anerkennung. Also sechzig Jahre Nichts. Und jetzt sah sie ein Baby und wusste: Jetzt, nach sechzig Jahren Bedeutungslosigkeit bin ich endlich erlöst. Mein Leben hat wieder Sinn.

Hanna und Simeon. Zwei alte Leute, die die längste Zeit ihres Lebens hinter sich hatten. Das meiste war gelaufen. Viel Überraschendes würde da wohl nicht mehr kommen. Aber beide lebten immer noch in der Erwartung. Sie hatten nicht aufgehört von Gott etwas zu erwarten. Als Gottsucher. Deswegen waren sie täglich im Tempel, um ihre Erwartung wach zu halten. Mit der tiefsten Sehnsucht ihres Herzens, dass Gott schenkt, was sie erhofften und erträumten. Gleichzeitig wussten die beiden aus der langen Erfahrung ihres Lebens, dass man die wirklich wichtigen und bedeutsamen Dinge des Lebens nicht planen, nicht machen kann, sondern, dass man sie sich nur schenken lassen kann. Der Auslöser all dessen war nur ein kleines Kind namens Jesus. Also wirklich nichts Besonderes. Und doch wirkte diese Präsentation wie ein Magnet: Die außerfamiliären fremden Menschen Simeon und Hanna öffneten sich für eine Begegnung. So außergewöhnlich, als wenn in der Wüste plötzlich eine Blume erblüht. Für uns junge Eltern war das alles ein bisschen viel: die geheimnisvolle Schwangerschaft, die herausfordernde Geburt im Stall, der überraschende Besuch der Hirten und jetzt Simeon und Hanna. Uns blieb nur noch das Staunen.

## Ein Stern über dem Haus des Superstars

Als Jesus zur Zeit des Königs Herodes in Bethlehem in Judäa geboren worden war, siehe, da kamen Sterndeuter aus dem Osten nach Jerusalem und fragten: Wo ist der neugeborene König der Juden? Wir haben seinen Stern aufgehen sehen und sind gekommen, um ihm zu huldigen. Als König Herodes das hörte, erschrak er und mit ihm ganz Jerusalem. Er ließ alle Hohepriester und Schriftgelehrten des Volkes zusammenkommen und erkundigte sich bei ihnen, wo der Christus geboren werden solle. Sie antworteten ihm: in Bethlehem in Judäa; denn so steht es geschrieben bei dem Propheten: Du, Bethlehem im Gebiet von Juda, bist keineswegs die unbedeutendste unter den führenden Städten von Juda; denn aus dir wird ein Fürst hervorgehen, der Hirt meines Volkes Israel. Danach rief Herodes die Sterndeuter heimlich zu sich und ließ sich von ihnen genau sagen, wann der Stern erschienen war. Dann schickte er sie nach Bethlehem und sagte: Geht und forscht sorgfältig nach dem Kind; und wenn ihr es gefunden habt, berichtet mir, damit auch ich hingehe und ihm huldige! Nach diesen Worten des Königs machten sie sich auf den Weg. Und siehe, der Stern, den sie hatten aufgehen sehen, zog vor ihnen her bis zu dem Ort, wo das Kind war; dort blieb er stehen. Als sie den Stern sahen, wurden sie von sehr großer Freude erfüllt. Sie gingen in das Haus und sahen das Kind und Maria, seine Mutter; da fielen sie nieder und huldigten ihm. Dann holten sie ihre Schätze hervor und brachten ihm Gold, Weihrauch und Myrrhe als Gaben dar. Weil ihnen aber im Traum geboten wurde, nicht zu Herodes zurückzukehren, zogen sie auf einem anderen Weg heim in ihr Land. (Mt 2,1–12)

*Josef, wie der Evangelist Matthäus berichtet, folgten die Weisen aus dem Morgenland einem wegweisenden Stern, der über eurem Haus stehen blieb. Hast du diesen Stern auch gesehen?*

Inzwischen war schon mehr als ein Jahr nach der Geburt von Jesus vergangen. Wir lebten immer noch in Bethlehem. Eines Nachts sah ich, wie das Licht, das vom sternenbesäten Himmel herabströmte, heller wurde. Die Planeten am orientalischen Himmel sind immer sehr schön, so lebendig und groß, dass sie ganz nahe zu sein scheinen. Als ob man sie mit der Hand berühren könnte. Plötzlich entdeckte ich einen Stern von ungewöhnlicher Größe. Wie ein kleiner Mond glitt er am Himmel dahin. Wie eine leuchtende Blume auf dem Samt des Firmaments. Die anderen Sterne schienen ihm auszuweichen, um wie Diener ihrem König Platz zu machen. So groß war sein Glanz. Gleichzeitig ging von ihm ein Schweif aus und durchfurchte den Himmel in schnell wogender Bewegungen, als wäre er lebendig. Dazu strömte er die Farbe eines blassen Saphirs aus und tauchte damit unsere bescheidene Wohnstätte in ein silbernes Blau. Das Haus wirkte wie ein Block aus reinstem Saphir, überstreut mit Perlen und Diamanten.

*Hatte Maria auch dieses Phänomen beobachtet?*

Sie merkte zunächst nichts davon; denn sie wachte an der Liege ihres kleinen Sohnes und betete. Ich denke, ihre Seele leuchtete heller als die Strahlen der Sterne.

*Wie hast du die Magier aus dem Morgenland bemerkt?*

Von der Straße her näherte sich plötzlich eine Reiterschar. Berittene und an der Hand geführte Pferde, Dromedare und Kamele mit Reitern oder Lasten. Das Geräusch der

Hufe glich dem Rauschen und Klatschen eines über Steine fließenden Sturzbaches. Auf dem Platz vor unserem Häuschen angelangt, machten alle halt. Der Trupp erstrahlte unter dem leuchtenden Stern in einem phantastischen Glanz. Das Geschirr der reich ausgestatteten Tiere, das Gepäck, die Gewänder der Reisenden, alles leuchtete. Die Augen der fremden Herren strahlten, ihre Gesichter lachten. Aber der noch stärkere Glanz einer übernatürlichen Freude schien ihre Herzen entzündet zu haben. Während Diener mit ihren Tieren die Karawanserei aufsuchten, stiegen drei majestätisch aussehende Männer in prächtigen Gewändern von ihren Reittieren und gingen auf unser Haus zu. Sie warfen sich mit der Stirne zur Erde nieder und küssten den Staub. Einer mit tief dunkler Hautfarbe war in einen äthiopischen Mantel aus schneeweißer Seide gehüllt. Auf seiner Stirn trug er einen kostbaren Reif. An der Seite hängte ein Dolch mit perlengeschmücktem Griff. Der zweite trug einen Herrenmantel, versehen mit Kapuze und Gürtel, beide mit Goldbrokat bestickt. Der dritte war in ein hemdartiges, seidenes Gewand gekleidet. Seine langen, weiten Hosen waren an den Füßen zusammengeschnürt. Den Hals umhüllte ein feiner Schal, der mit seinen leuchtenden Farben an einen Blumengarten erinnerte. Auf dem Kopf trug er einen Turban, von einer Diamantenkette gehalten.

*Hast du verstanden, wie die drei Weisen in dem unscheinbaren Jesus-Kind den Schöpfer der Welt erkannt haben?*

Ich glaube, weil sie sich als ein Nichts fühlten in ihrem Reichtum und ihrem Wissen, die nur winzige Atome waren im Vergleich zum Reichtum des Allmächtigen, dem das Universum gehört. Der ihnen viel stärkere Augen gegeben hatte, die mehr vermochten als die beiden

Pupillen, mit denen man die irdischen Dinge sieht. Mit diesen Augen der Seele konnten sie in den Ereignissen die Gedanken Gottes lesen. Deshalb schüttelten sie nicht den Kopf vor unserem bescheidenen Heim und sagten nicht: »Unmöglich!« Vielmehr beugten sie den Rücken und vor allem das Herz und beteten hinter dieser armen Mauer den Menschgewordenen Gott in dem Kind Jesus an. Die Stellung der Sterne hatte ihnen Orientierung im Dunkel und für die eigenen Wege gegeben. Ähnlich wie bei den Seefahrern, die durch die Sternen-Konstellation ihre Schiffsroute durch die weiten Meere fanden.

*Brachten diese drei Weisen nicht auch Geschenke mit?*

Einer der Diener trug eine mit Intarsien verzierte Truhe. Ihre Beschläge waren aus reinstem Gold. Ein anderer einen fein gearbeiteten Kelch mit einem noch mehr verzierten Deckel aus purem Gold. Der dritte einen breiten, niedrigen goldenen Krug, dessen pyramidenartiger Verschluss mit einem Brillanten besetzt war.

*Wie hat Maria darauf reagiert?*

Mit großer Verblüffung. Maria saß da mit dem Kind auf dem Schoß. Ich stand neben ihr. Sie erhob und verneigte sich, als sie die Magier eintreten sah. Wie schön war sie in ihrem einfachen, blütenweißen Gewand, das sie vom Hals bis zu den Füßen, von den Schultern bis zu den zarten Handgelenken bedeckte. Ihr dunkelblondes Haar umrahmte ihr vor Rührung gerötetes Gesicht. Zärtlich lächelnd begrüßte sie die Eintretenden: »Der Friede sei mit euch!« Die drei blieben einen Augenblick tief beeindruckt stehen. Dann traten sie näher, warfen sich zu ihren Füßen nieder. Maria bat sie, sich zu erheben. Sie taten es aber nicht, wie sehr Maria sie auch dazu aufforderte. Sie verharrten weiter auf ihren Fersen ruhend.

Hinter ihnen knieten sich ebenfalls die Diener nieder. Mit großer Verehrung betrachteten die drei Männer das Kind. Jesus war bereits recht lebhaft und kräftig geworden. Er erhob sich auf dem Schoß seiner Mutter, lächelte und lallte mit dem Stimmchen. Seine schlichte Bekleidung bestand aus einer kleinen Tunika. Seine Fäustchen schienen nach allem greifen zu wollen. In seinem schönen Gesichtchen funkelten zwei dunkelblaue Augen. Wenn er lächelte, bildeten sich um seinen Mund, in dem schon die ersten Zähnchen sichtbar wurden, zwei Grübchen. Die Löckchen erschienen wie aus Goldstaub. So glänzend und leicht waren sie.

*Haben die Weisen auch zu euch gesprochen?*

Der Älteste wurde von den beiden anderen gebeten, für alle zu sprechen. Er wusste wohl, dass der Tag seiner Heimkehr zu Gott nahe war. Als Wegzehrung blieb ihm die Wärme der kleinen Hand von Jesus, die sich seiner schon runzeligen anvertraute. Er erzählte Maria, wie sie als Sternkundige beim Blick ins Universum einen Planeten aufgehen sahen, der heller als alle anderen leuchtete. Der auf einer unbekannten Bahn flog. Der nicht ins System passte. Der vielleicht sogar das System sprengte. Der auf keiner Himmelskarte aufgezeichnet war. So vertieften sie sich in das Studium des Tierkreises und der Stellung der Gestirne.

Die Berechnung der Jahreszeiten und der astronomischen Konstellationen hatten ihnen das Geheimnis des Sternes offenbart. Sein Name war Messias. Und sein Geheimnis: Der Retter der Menschheit ist zur Welt gekommen. Als Wissenschaftler schrieben sie kein gelehrtes Buch über den Aufgang dieses Sterns. Aber sie hatten verstanden, dass er ihnen eine segensvolle Wahrheit, ein göttliches Geheimnis zu verkünden hatte. Der Stern, der da aufleuchtete, war ein Zeichen, ein Türöffner für eine neue, eine bessere Welt, die Geburt einer neuen Ära. Und dies in der Gestalt eines neuen Herrschers. Sie schauten über den Tellerrand ihres eigenen Wissens hinaus ins Unerforschte. So machten sie sich auf, um dem Stern zu folgen, zu sehen, wohin er sie führte. Zu einem Ziel, das ihnen unbekannt war. Ihr einziges Navi ins Ungewisse war der Stern am Himmel und der Stern in ihrem eigenen Herzen. Ein jeder war von seinem eigenen Land aufgebrochen. Ohne voneinander zu wissen. Über Berge und Flüsse, durch Täler und Wüsten waren sie nächtelang in Richtung Palästina gereist; denn der Stern wanderte ihnen voraus. Auf dem Königsweg östlich des Jordantals trafen sie aufeinander. Der Wille Gottes musste sie dort zusammengeführt haben. Gemeinsam waren sie weitergereist und konnten sich durch die griechische Weltsprache einander verständlich machen, obwohl sie verschiedene Landessprachen hatten.

*Der Stern, der da aufleuchtete, war für die Weisen ein Zeichen, ein Türöffner für eine neue, eine bessere Welt, die Geburt einer neuen Ära.*

*Hast du sie gefragt, woher sie kamen?*

Ja. Der eine war aus Persien aufgebrochen. Der zweite von den mongolischen Bergketten, über denen Adler und Geier kreisen. Wo Gott im Rauschen der Winde und der Gießbäche spricht und geheimnisvolle Worte auf die endlosen Schneefelder schreibt. Der dritte aus dem äthiopischen Hochland, in dem der blaue Nil geboren wird und zu strömen beginnt, bis er sich in das Herz des Mittelmeers ergießt.

*Haben sie euch auch von ihrer Begegnung mit König Herodes berichtet?*

Ja. Zusammen erreichten sie Jerusalem. Dort im Zentrum der Macht wurden sie vorstellig. Wo auch sonst, wenn nicht in den Palästen der Herrscher? Weil der Messias gleichzeitig der König der Juden sein sollte. Doch es kam anders. Ganz anders. Der Stern hatte sich über dem Himmel dieser Stadt verhüllt. Sie fühlten ihr Herz brechen und fragten sich, ob sie Gottes unwürdig geworden waren. Aber ihr Gewissen konnte sie beruhigen. So wandten sie sich an König Herodes, um zu erfahren, in welchem Palast der neugeborene König zu finden sei; denn sie seien gekommen, ihn anzubeten. Da habe der König die Obersten der Priester und Schriftgelehrten zusammengerufen und sie gefragt, wo der Messias geboren werden solle. Und die Antwort lautete: »In Bethlehem in Judäa.« Sobald die Sterndeuter die Heilige Stadt verlassen hatten, strahlte der Planet heller denn je. Der ganze Himmel war wie ein Feuermeer. Dann blieb er stehen und vereinigte das Licht der anderen Sterne in seinem Strahlenglanz über unserem Haus. So verstanden sie, dass das göttliche Kind hier sein musste. Jetzt beteten sie es an und brachten ihm ihre Geschenke und mehr noch: ihre Herzen, die nie aufhören würden, den

Allmächtigen wegen der erwiesenen Gnaden zu preisen und seinen Sohn zu lieben, dessen Menschheit sie sehen durften. Sie erzählten uns, dass sie bei ihrer Rückkehr dem König Herodes davon berichten wollten; denn er habe den Wunsch geäußert, auch er wolle das Kind anbeten.

*Jetzt beteten sie das göttliche Kind an und brachten ihre Geschenke mit. Und mehr noch: ihre Herzen.*

»Sieh, hier ist Gold, wie es einem König zusteht«, fuhr der älteste der drei Magier fort und schaute dabei Jesus liebevoll an.

»Hier ist Weihrauch, wie es einem Gott gebührt«, erklärte der zweite.

Und zu Maria gewandt, sagte der dritte: »Hier, Mutter, ist Myrrhe als Zeichen für sein Fleisch, das heilig ist und keine Verwesung kennt, seine Unversehrtheit bis zu seiner Auferstehung bewahrt. Wenn unsere Zeichen, und mehr noch unsere Seelen nicht irren, ist dein Sohn der Erlöser der Welt, der Gesalbte Gottes. Deshalb muss er, um die Welt zu retten, ihre Schuld auf sich nehmen, zu deren Strafen auch der Tod gehört. Könntest du, oh Mutter, einen Augenblick dein Kind unserer Liebe überlassen? Wir möchten seine Füßchen küssen, damit wir dadurch geheiligt werden und den Segen des Himmels erfahren.«

Maria hatte inzwischen die Bestürzung über die geheimnisvollen Worte der Weisen überwunden. Sie legt ihr Kind dem Ältesten in die Arme, der es küsste und liebkoste. Dann reicht er es den beiden anderen. Jesus lächelte, spielte mit den Kettchen und den Fransen der drei und schaut aufmerksam in die offene Truhe voller gelber, glänzender Dinge. Dann gaben sie Maria das Kind zurück und erhoben sich. Auch Maria stand auf. Die drei Weisen verneigten sich nacheinander. Tränen der Rührung standen in ihren Augen. Schließlich wandten sie sich dem Ausgang zu. Maria und ich begleiteten sie. Ich sah, wie der kleine Jesus aus den Armen seiner Mutter herab wollte, um dem Ältesten das Händchen zu geben. So trippelte er, von Maria und dem Weisen an der Hand gehalten, mit noch unsicherem Schritt aus dem Haus. Die Karawane stand schon bereit. Die Zügel der Kamele glänzten in der untergehenden Sonne. Das Volk hatte sich auf dem kleinen Vorplatz versammelt, um das ungewöhnlichen Schauspiel nicht zu verpassen. Jesus lachte und klatschte in die Händchen. Maria hielt ihn hoch. Die drei Weisen bestiegen ihre Reittiere und beugten sich zu einem letzten Gruß vor Jesus nieder. Auch ich verneigte mich vor den Herren. Ebenso Maria.

*Wenn ich einer von den drei Weisen gewesen wäre, hätte ich vielleicht tausend Vorwände erhoben: Wie kann ich eine so lange Reise in ein Land unternehmen, in dem fremde Sprachen gesprochen werden? Werden die Menschen dort mir glauben oder mich sogar als Spion einsperren? Welche Hilfe werde ich finden, um durch Wüsten, über Flüsse und Berge zu kommen? Und die Hitze? Der Wind der Hochebene? Und die Fiebergefahr in den sumpfigen Gebieten? Die Flüsse, wenn sie vom Regen angeschwollen sind? Dazu die ungewohnte Nahrung? Die verschiedenen Umgangsformen und … und …*

Sie aber klügelten nicht so. Sie hatten nichts Festes in der Hand, um sich der Wahrheit zu vergewissern. Nur die astronomische Berechnung und ihr Nachdenken darüber. Die Wissenschaft sagte ihnen, dass der neue Stern kein anderer sein konnte als jener, der seit Jahrhunderten von der Menschheit erwartet wurde: der Messias. Intuitiv verstanden sie: »Das ist der Stern, der die Ankunft des Messias ankündigt.« Der Führung Gottes vertrauten sie, dass er ihnen helfen werde, ihr Ziel zu erreichen. Sie suchten nicht ihren eigenen Nutzen und verlangten keinen menschlichen Lohn.

*Und wie soll ich im Dunkel der Welt meinen eigenen Weg finden, da ich ja kein Sternengucker bin? Vielleicht sollte ich einmal nachts innehalten und mir die nötige Ruhe gönnen, für einen Augenblick den Kopf zu heben, einen einzelnen Stern zu entdecken, noch eine Handvoll dazu zählen, oder gar die ganze, weite Pracht auf mich wirken zu lassen? Selten gewordene Momente in den*

*Mühlen des Alltags! Vielleicht sollte ich wieder mal den Kopf heben – weg von mir selbst, hinaus über den täglichen Kram, weg vom Schreibtisch oder vom Computer! Zeit, dass ich aufblicke zu dem, was über mir hinausgeht, was mehr sein könnte als Machbares und Mögliches. Wenigstens für einen Augenblick nach den Sternen greifen.*

Darin kann ich dich nur bestärken. In der Tat genügt es nicht, nur bis zu deinen eigenen Fußspitzen zu schauen. Dein Blick muss weitergehen. In die Weite des Universums. Diese Weitsicht brauchst du für dein eigenes Leben. Die Sterne am Himmel zu zählen ist eine vergebliche Mühe. Der Allmächtige zählt sie und nennt sie alle mit Namen. Die Sterne leuchten dir für die Unfassbarkeit seiner Liebe. Sie signalisieren dir seine Zuwendung und Übersicht. Sterne sind Zeichen der Zeit, die mehr bedeuten als hübsche Dekoration. Sie zeigen dir, wie ähnlich du ihnen sein kannst auf einem Planeten, der weniger selbst leuchtet, als vielmehr angeleuchtet wird. So darfst auch du ein kleines Licht sein, das Gottes großes Licht widerspiegelt und weitergibt. Das Hoffnung ausstrahlt mitten in der Hoffnungslosigkeit einer oft dunklen Welt. Versuche deinen Stern nicht nur mit den irdischen, sondern mit den Augen der Seele zu sehen. Er berührt dein Herz und zeigt dir neue Wege. Der Himmel öffnet sich und überrascht dich. Das ahnten die Weisen. Das darfst auch du hoffen. Das steckt in dir als glitzernde Sehnsucht. Sie lässt dich das Licht sehen, wie es aufgeht in dieser Welt. Jeden Tag neu. Und das Gute, das manchmal näherliegt, als du glaubst. Du kannst ihm vertrauen, dem Morgenstern, der aufgeht in deinem Herzen. Auch du darfst ein Star sein! In deiner Gemeinde beim Mittragen und Mitgestalten. Du darfst sein Licht in Fülle und Vielfalt leuchten lassen. Menschen, die im Schatten und in der Finsternis sich befinden, darf dein Mitwirken zugutekommen. Kleine Geistesblitze, großes Strahlen, klare Signale, stete Hoffnungsschimmer. Mal der einzelne kraftvolle Punkt am sonst stockdunklen Himmel, mal der Schweif des Kometen für einen Augenblick, der dich wundern und hoffen lässt. Du darfst das Licht Gottes widerspiegeln und weitergeben, das anderen Menschen Hoffnung macht, Wärme schenkt, Klarheit bringt, Orientierung gibt für ihren Weg.

## Eine erzwungene Flucht in die Fremde

**Als die Sterndeuter wieder gegangen waren, siehe, da erschien dem Josef im Traum ein Engel des Herrn und sagte: Steh auf, nimm das Kind und seine Mutter und flieh nach Ägypten; dort bleibe, bis ich dir etwas anderes auftrage; denn Herodes wird das Kind suchen, um es zu töten. Da stand Josef auf und floh in der Nacht mit dem Kind und dessen Mutter nach Ägypten. (Mt 2,13–15)**

*Josef, Die glücklichen Stunden mit den Weisen aus der Ferne verwandelten sich bald in bittere Wermutstropfen. Wie kam es dazu?*

Die Weisen waren am Nachmittag abgereist. Die Nacht brach herein. Das Mondlicht spiegelte sich im Gold. Maria hatte Jesus gestillt. Nach den aufregenden, unvergesslichen Stunden mit den fremden Sternenforschern fielen wir in friedlichen Schlaf. Da sah ich im Traum einen überirdischen Bekannten wieder: Gottes Engel trat zum zweiten Mal in mein Leben. Wie damals in Nazareth, als er mir geboten hatte, Maria trotz ihrer Schwangerschaft nicht zu verlassen. Wieder war es eine göttliche Anweisung, die der Himmelsbote mir brachte: »Steh auf, nimm das Kind und seine Mutter mit dir und flieh nach Ägypten. Bleib dort, bis ich dir's sage; denn Herodes hat vor, das Kind zu suchen, um es umzubringen.« Es war ein aufrüttelnder Albtraum. Ich setzte mich im Bett auf, rieb mir die Augen. Ich hatte keine Zweifel, daran, dass dieser Traum ein Zeichen von oben war.

*Kann der Allmächtige wirklich in Träumen Weisungen geben?*

Ich kann dir aus meiner eigenen Erfahrung bestätigen, dass Gott in ganz besonderen Situationen Träume und Engel als Kommunikationsmittel einsetzt. Der Normalfall ist das natürlich nicht. Es wäre fatal, wenn du keine Entscheidungen mehr fällen würdest, bevor dir nicht Gott im Traum einen Engel geschickt hat. Der himmlische Vater lenkt deine Aufmerksamkeit in eurem Zeitalter der Kirche auf ganz andere Kanäle: Durch seinen Sohn hat er geredet. Durch dessen Apostel hat er die gute Nachricht vom Reich Gottes ausbreiten lassen. Im Neuen Testament findest du zuverlässig ihr Zeugnis. In der Kirche hat der Allmächtige seine Hirten und Lehrer eingesetzt, die sein Wort weitergeben sollen. So wie es bei mir der Engel tat.

*Wie ging es nach dem schicksalhaften Traum bei euch dann weiter?*

Nach all den Ereignissen der Herbergssuche, der Geburt im Stall und den vielen unerwarteten Gästen hätte ich mir eigentlich gewünscht, dass endlich ein bisschen Ruhe bei uns einkehrte. Aber mit einem Mal war die ganze Idylle zerschlagen. Durch das kleine Fenster drang ein Lichtstrahl, obwohl es tiefe Nacht war. Ich ergriff mein Gewand zu Füßen des Lagers, streifte es über die weiße Tunika mit den kurzen Ärmeln. Dann zog ich meine Sandalen an und ging zur Tür gegenüber meinem Lager. Leise pochte ich mit den Fingerspitzen dagegen. Ich hörte die Stimme von Maria: »Komm herein!« Auf Zehenspitzen trat ich ein. Mit einem kleinen Öllicht in der Hand. Maria kniete in ihrem hellen Kleid bei der Liege des Kleinen, betete und wachte über Jesus, der ruhig schlief. Schön, rosig und blond. Das lockige Köpfchen im Kissen vergraben.

Ein Händchen mit geschlossenem Fäustchen unter dem Kinn.

»Schläfst du nicht?«, fragte ich erstaunt mit leiser Stimme. »Geht es Jesus nicht gut?«

»Nein, nein! Es geht ihm gut. Ich bete. Aber ich werde jetzt bald schlafen gehen. Warum bist du gekommen, Josef?«

Ich begann erregt zu flüstern, um das Kind nicht zu wecken. »Wir müssen sogleich von hier aufbrechen. Sofort! Bereite die Truhe vor, einen Sack und lege hinein, soviel du kannst. Ich werde alles andere für unsere Flucht vorbereiten. Wir müssen sofort Bethlehem verlassen.« Maria wurde ganz blass im Gesicht.

»Josef!«, rief sie aus, während sie meinen Arm erfasste. »Warum diese Flucht?«

»Es ist wegen Jesus. Ein Engel hat mir die Anweisung gegeben: ›Nimm das Kind und die Mutter und fliehe nach Ägypten!‹ Wir dürfen keine Zeit verlieren. Das Kind schwebt in tödlicher Gefahr. Herodes hat durch die Weisen erfahren, dass in Bethlehem ein Konkurrent geboren ist. Schon hat er seinen Schergen geboten, dort alle Kinder unter zwei Jahren zu töten. Wegen seines irdischen Reiches hat er Angst vor diesem unschuldigen Kind. Diese blutrünstige Bestie! Das Erschrecken hat sich schnell herumgesprochen. Überall rumort das Gerücht, dass ein Umsturz bevorstehen könnte. Dass Kinder getötet werden. Soldaten würden auf den Straßen Grenzkontrollen eröffnen. Was wird Herodes tun, wenn er erfährt, dass Jesus geflohen ist? Nicht auszudenken! Es ist höchste Zeit für die Flucht.«

Maria verstand sofort, ohne dass ich weitere Erklärungen abgeben musste. Sie erhob sich. Ihr Gesicht war bleich wie Wachs. Angstvoll hielt sie die Hand auf ihr Herz. Trotz aller Sorge verlor sie nicht den Kopf. Sogleich begann sie, Kleider in der Truhe und in einem Sack zu verstauen. Alles machte sie rasch und sorgsam.

Dabei warf sie immer wieder einen Blick auf Jesus, der unbekümmert schlief.

»Brauchst du Hilfe?«, fragte ich von Zeit zu Zeit, indem ich den Kopf durch die halbgeöffnete Tür steckte.

»Nein, danke«, erwiderte Maria jedes Mal. Erst, als der Sack voll und schwer dalag, rief sie mich um Hilfe. »Soll ich auch die Wolldecken mitnehmen?« fragte sie.

»Nimm, soviel du kannst!«, empfahl ich ihr. »Decken werden uns bestimmt nützlich sein. Trotzdem dürfen wir die Esel nicht zu sehr belasten. Am besten werde ich vor unserem Aufbruch mit unserem Ersparten noch zwei weitere kaufen. Haben wir doch eine lange und beschwerliche Reise vor uns. Teils über Berge, teils durch die Wüste. Und die Nächte sind sehr kalt dort. Ich nehme die Geschenke der Weisen mit. Sie werden uns dort unten sehr nützlich sein.«

Maria packte noch einige Kleidchen für Jesus zusammen, wickelte sie in ein Tuch und legte sie zu den anderen Sachen. Ein von mir aus Holz geschnitztes Schäfchen, ein Spielzeug für Jesus, nahm sie mit einem Seufzer und küsste es. Dann verschloss sie die Truhe. Jetzt blieb ihr nichts anderes mehr übrig, als das Kind herzurichten. Sie schüttelt die Liege ein wenig, um den Kleinen aufzuwecken. Aber Jesus ließ nur ein kleines Wimmern hören und wandte sich auf die andere Seite, um weiter zu schlafen. Maria streichelte ihm zärtlich die Löckchen. Schließlich öffnete er sein Mündchen und gähnte. Maria beugte sich über ihn und küsste seine Wangen. Da erwachte der Kleine. Er schlug die Augen auf, lächelte und streckte seine Händchen nach ihr aus. Dabei lachte und scherzte er mit Maria, indem er die Decke wegstrampelte. Dann umklammerte er mit den Händchen die Kordeln ihres Kleides, die am Hals zusammengebunden waren und versuchte, sie zu öffnen. Maria beugte sich mit einem Lächeln über die Liege, während sich ihre Augen mit Tränen füllten. Das Kind lallte Silben, in denen klar und deutlich das Wort »Mama«

wiederkehrte. Als Jesus Maria weinen sah, streckte er ein Händchen in die leuchtende Linie ihrer Tränen. Dann lehnte er sich ganz fest an ihren mütterlichen Busen. Maria küsste ihn auf die Haare und gab ihm die Brust. Das Kind saugte begierig die mütterliche Milch ein. Einige Tropfen fielen daneben. Ich stellte mit Erstaunen fest, wie die Felswände sich plötzlich kalkig weiß färbten.

*Heute wird in Bethlehem die kalkig weiße »Michgrotte« gezeigt, wo Maria vor der Flucht das Kind stillte und einige Tropfen Milch danebenfielen.*

»Bist du bereit?«, fragte ich Maria. »Ist Jesus bereit? Hast du seine Decken? Die Liege können wir nicht mitnehmen.«

»Armer Kleiner, den man zu töten sucht!«

»Aber was immer auch geschieht, der Allmächtige wird uns helfen«, versuchte ich sie zu beruhigen. »Weine nicht, Maria! Dich weinen zu sehen, ist mir ein viel größerer Schmerz als ins Exil gehen zu müssen.«

»Verzeih mir, Josef! Nicht wegen mir weine ich, nicht wegen der geringen Habe, die wir verlieren. Ich weine wegen dir. Du hast schon so viel opfern müssen! Und jetzt kommt es soweit, dass du weder Arbeit noch ein Zuhause haben wirst. Wie viel koste ich dich, Josef!«

»Wie viel? Nein, Maria, es kostet mich nichts. Es tröstet mich, bei dir zu sein. Denke nicht an Morgen! Wir haben die Schätze der Weisen. Sie werden uns helfen in der ersten Zeit. Ich werde Arbeit suchen. Ein ehrlicher und guter Handwerker findet schon seinen Weg. Du hast es hier gesehen.« Maria schaute mich an. In ihrem Blick lag so viel Vertrauen und Zuversicht.

»Ich weiß es. Ich habe Jesus und dich. Ihr seid meine Heimat. Wenn wir nur Jesus retten, dann bleibt uns alles.«

»Komm, Maria, die Dämmerung beginnt!«, drängte ich. »Es ist Zeit, unsere Sachen auf die Esel zu laden. Alles wird gut!«

Maria erhob sich und hüllte sich in ihren Mantel, während ich ein letztes Bündel packte. Dann nahm sie behutsam das Kind, wickelte es in einen Schal und drückte es an ihr Herz. Sie berührte noch einmal die Wände, in denen wir für einige Monate Schutz gefunden hatten. Der erste Schimmer der Morgendämmerung zeigte sich am Horizont. Unsere drei Lasttiere standen bereit. Das stärkste hatte ich mit dem Hausrat beladen. Die beiden anderen Esel waren mit Sättel versehen.

Ich bemühte mich, die Truhe und das Bündel gut am Saumsattel des einen zu befestigen. Auch meine Werkzeuge lagen zusammengebunden oben auf dem Bündel. Ich half Maria und dem Kind auf das Reittier. Dann bestieg auch ich meinen Esel und unsere Flucht nach Ägypten begann.

*Die junge Familie verließ das Haus und ihre Flucht nach Ägypten begann.*

Viele ungewisse Fragen drangen auf mich ein: Wie werden wir alle drei die Flucht überstehen? Bei den viele Gefahren, die auf uns lauern. Aber welche Alternative haben wir? Wie lange wird es dauern, bis die Soldaten des Herodes uns auf den Fersen sind? Dann wäre sowieso alles aus! Herodes kennt weder Skrupel noch Erbarmen. Schließlich hat er drei seiner eigenen Söhne umbringen lassen. Weil er vermutete, dass sie ihm die Macht streitig machen wollten. Es gibt nur eine Wahl: Ich muss alles auf eine Karte setzen. In Bethlehem lauert der Tod. In Ägypten gibt es wenigstens eine Chance für die Zukunft. Auch wenn wir uns alle drei durchbeißen müssen! Es sollte ein Horrortrip werden in ein unbekanntes Land.

## Eine Asylanten-Familie im Land der Pharaonen

**D**ort (in Ägypten) blieb er (Josef) bis zum Tod des Herodes. Denn es sollte sich erfüllen, was der Herr durch den Propheten gesagt hat: Aus Ägypten habe ich meinen Sohn gerufen. Als Herodes gestorben war, siehe, da erschien dem Josef in Ägypten ein Engel des Herrn im Traum und sagte: Steh auf, nimm das Kind und seine Mutter und zieh in das Land Israel; denn die Leute, die dem Kind nach dem Leben getrachtet haben, sind tot. Da stand er auf und zog mit dem Kind und dessen Mutter in das Land Israel. Als er aber hörte, dass in Judäa Archelaus anstelle seines Vaters Herodes regierte, fürchtete er sich, dorthin zu gehen. Und weil er im Traum einen Befehl erhalten hatte, zog er in das Gebiet von Galiläa und ließ sich in einer Stadt namens Nazareth nieder. Denn es sollte sich erfüllen, was durch die Propheten gesagt worden ist: Er wird Nazaräer genannt werden. (Mt 2,15, 19–23)

*Josef, wie verlief denn eure Reiseroute auf der Flucht nach Ägypten?*

Wir wählten die Königsstraße, auf der auch die Sterndeuter sich in Richtung Bethlehem begeben hatten. Nur ging es bei uns jetzt in die umgekehrte Richtung. Auf dem Weg zum Jordantal mussten wir die judäische Wüste durchqueren.

*Schon war die Dunkelheit hereingebrochen. Überraschenderweise fand die junge Familie in der Wüste Juda einen Ort, an dem sie für eine Nacht bleiben konnte.*

*Über der Grotte,*
*in der die heilige Familie in der judäischen Wüste Zuflucht fand,*
*ist heute die Kirche zum heiligen Gerasimos errichtet.*

*Und wie ging dann eure Reise weiter?*

Unser Weg führte durch den nördlichen Sinai, bis wir Al Farama erreichten. Das nächste Ziel war Basta. Als unser kleiner Jesus den Ort segnete, sprudelte plötzlich eine lebenspendende Wasserquelle aus dem Boden hervor. Dann gelangten wir im nördlichen Teil Ägyptens zu dem Badeort Mostorod. Der Kleine quiekte vor Freude, als Maria ihn dort untertauchte und seine Kleider wusch.

*Warum musstet ihr in aller Welt ausgerechnet nach Ägypten fliehen? In das Land des Pharaos? In das »Knechtshaus« Israels? Wo die Ägypter den Israeliten unbarmherzig das Leben sauer machten mit schwerer Arbeit in Ton und Ziegeln?*

Ägypten war das naheliegende Land für eine Flucht. Es galt damals als ein Ort der Zuflucht, ein Asyl, eine Freistatt für die Verfolgten aus aller Herren Länder. Unsere Flucht nach Ägypten war kein blinder Zufall, sondern göttliche Verheißung und Erfüllung. Weil der Allmächtige es so wollte. Nicht umsonst heißt es beim Propheten Jesaja: »Zu der Zeit wird Gott sagen: Gesegnet bist du Ägypten, mein Volk« (Jes 19,25). Aber da war noch ein anderes Propheten-Wort: »Aus Ägypten habe ich meinen Sohn gerufen.« Hosea hatte ursprünglich das Volk Israel im Blick: Gott hat es durch Mose aus Ägypten herausgeführt und gerettet. Und auch Jesus sollte über Ägypten gerettet werden und zurückkommen in das Land, wo er wirken würde. Rückblickend kann ich sagen: Trotz der Bosheit des Herodes führte der Allmächtige sein Werk zum Ziel. Auch in den Irrungen und Wirrungen der Geschichte ist er immer am Werk. Besonders in den dunklen Seiten lässt er sein Licht aufleuchten und führt seinen Rettungsplan durch. Letztendlich machte nicht Herodes Geschichte, sondern Gott selbst.

*Welchen Gefahren ward ihr auf der Flucht ausgesetzt?*

Da gab es missgünstige Einheimische, denen wir als Fremde verdächtig vorkamen. Auch Diebe und Wegelagerer wollten uns ausrauben. Einmal stürmten drei Löwen auf uns ein. Als Maria die wilden Tiere um sich herum sah, bekam sie große Angst um das Kind. Du wirst es nicht glauben, aber in diesem Moment schaute der kleine Jesus seiner Mutter mutig ins Gesicht und sagte: »Fürchte dich nicht, Mama! Die Löwen werden uns keine Gewalt antun. Sie kommen als Freunde.« Als die wilden Tiere ganz friedlich neben uns herliefen, verschwand die Angst aus dem Herzen Mariens.

*So war eure Flucht geprägt vom Kampf zwischen Leben und Tod.*

Das kann man wohl sagen. Wie oft aber erlebten wir den Allmächtigen, der stärker war als alle Feinde oder dunklen Mächte. Einmal machten wir in der Wüste unter einer sehr hoch gewachsenen Palme voller Früchte Rast. Wir waren erschöpft und hatten großen Hunger. Aber es war unmöglich, die Datteln zu erreichen. Plötzlich gab der kleine Jesu den Zweigen einen Wink und diese neigten sich zu uns hinab, sodass wir unseren Hunger stillen konnten.

*Einmal machten sie in der Wüste unter einer sehr hoch gewachsenen Palme voller Früchte Rast.*

Als wir ein anderes Mal den antiken Tempel der Stadt Hermopolis betraten, stürzten plötzlich sämtliche Götterbilder mit einem fürchterlichen Krachen von ihren Sockeln und lagen zerschmettert auf ihrem Angesicht.

*Waren euch die Geschenke der Sterndeuter von Nutzen?*

In dem Ort Maadi am Nil verhandelte ich mit den Bootsleuten um einen günstigen Preis, damit sie uns nach Oberägypten brachten. Eine solche Reise hätten wir ohne den Beitrag der Weisen nicht finanzieren können.

*Bis heute gibt es immer wieder Fluchtgeschichten. Ihr wart eine von Millionen Flüchtlingsfamilien auf diesem Planeten. Nur mit dem Unterschied: Hier befand sich Gott selbst auf der Flucht! Der Schöpfer in Gestalt eines Kleinkindes musste vor der Gewalttätigkeit seiner eigenen Geschöpfe in Sicherheit gebracht werden.*

In der Tat. Der heilige, über alles erhabene Gott kam schutzlos in diese arme, elende und tödliche Menschenwelt. Mitten hinein in ihren Alltag. Mit ihren Ängsten und Freuden. Mit ihrem Hunger und ihrer Mühsal. Der Allmächtige kam auch zu uns, die wir jetzt ums Überleben kämpfen mussten. Mit jedem Kind auf der Flucht, mit jedem Verfolgten, mit jeder verängstigten Familie, mit jedem, der vor Gewalt und Tod flieht, konnten wir uns identifizieren.

*Irgendwie bin ich gewohnt, Gott in Machtkategorien zu denken. Er ist der Allmächtige, der Allwissende. Trotzdem kann ich der Frage nicht ausweichen: Hat er zu wenig Macht den Tyrannen gegenüber? Angefangen bei Herodes? Warum zeigte er ihm nicht seine Grenze? Warum ließ er lieber den Retter der Welt fliehen, als hätte er keine andere Wahl? Was zählt bei Gott? Warum greift er nicht ein? Schaut er nur von der Ferne zu? Wie siehst du das?*

Der Allmächtige sieht auf jeden Fall das Leid der Menschen. Schließlich ist er vom Himmel herabgestiegen und wurde in einer Krippe geboren. Auch wir waren solche, die von den Mächtigen der Erde herumgeschubst wurden. Skrupellose Herrscher machten uns das Leben schwer. So schwer, dass wir unser Land verlassen mussten. Auf keinen Fall zählen beim Allmächtigen Macht, Reichtum, Prunk oder gar Gewalt! Bei ihm zählt nur die Liebe. Sie ist die einzige Macht, die die Mächte dieser Welt zusammenbrechen lässt. Auch ich sehnte mich nach dem Ende von Gewalt. Leider kann nach den Vorstellungen vieler Menschen das nur durch mehr Gewalt erreicht werden.

Und doch ist die Liebe die einzige Macht, um die Gesellschaft zu verändern, ohne dass Menschen dabei zugrunde gehen. Der Allmächtige ließ zwar Jesus mit uns, seinen Eltern, nach Ägypten fliehen. Aber Er ging mit uns. Jesus musste aus Ägypten als Befreier der Menschen in das Gelobte Land zurückkommen. Gott mutete uns wahrhaftig einiges zu. Und warum? Weil er uns alles zutraute. Das gilt auch für dich. Das darfst du in dein Herz und in dein Gedächtnis eingravieren. Am Ende hat nicht der Gewaltherrscher Herodes gesiegt, sondern der arme und gewaltlose Jesus, wie es die Geschichte seiner Verkündigung – trotz Missbräuche und Missstände – im Laufe der Zeit immer wieder zeigt. Gott gibt das Regiment nicht aus der Hand.

*Habt ihr in der Fremde irgendwo eine längere Bleibe gefunden?*

Ja, in Samanud am Rande des Nildeltas.

Hier entdeckten wir ein leerstehendes Häuschen. Seine Mauern aus sonnengebrannten Ziegeln waren mit einer schwachen Kalkschicht bestrichen.

*Der Allmächtige ließ zwar Jesus mit seinen Eltern nach Ägypten fliehen. Aber Er ging mit ihnen.*

Unsere Bleibe bestand aus zwei Räumen. Trotz des trockenen Geländes konnte ich auch ein kleines Gärtchen anlegen mit Beeten von Bohnen und Kichererbsen. Eine Feuer-Akazie spendete etwas Schatten. An ihren Baumstamm

*Die koptische Kirche gedenkt jedes Jahr am 1. Juni der Ankunft der Heiligen Familie in Ägypten. Der »Jesus-Weg« folgt den Spuren Jesu, Marias und Josefs mit 31 Kirchen, acht Grotten, 18 Quellen und 13 Bäumen.*

hatte ich eine schwarzweiße Ziege angebunden. Als Nahrung riss sie Blätter von den Zweigen ab. Eingezäunt hatte ich das Ganze mit einer Schilfrohrhecke. Nur ein schwacher Schutz gegen Diebe. Aber es gab ja sowieso bei uns nichts zu holen. Um den Zaun etwas solider und weniger armselig erscheinen zu lassen, hatte ich dort eine einfache Zaunwinde gepflanzt, die an der Umzäunung emporkletterte. Auf einer Seite blühte ein Jasminstrauch, auf der anderen ein außergewöhnlich duftender Rosenstock.

*Wie erging es dem kleinen Jesus in dieser bescheidenen Umgebung?*

Mit seinen zweieinhalb Jahren saß er oft im Schatten des Baumes auf einer am Boden ausgebreiteten Matte. Er spielte mit den von mir geschnitzten Schäfchen und Pferdchen sowie mit einigen hellen Hobelspänen, die geringelt waren wie seine goldenen Locken. Seine Haut war hell und zart gerötet. Mit lebhaften, strahlenden, saphirblauen Augen blickte er in die Welt. Er trug ein langes, weißes Hemdchen, das ihm als Tunika diente. Die Ärmel reichten ihm bis zu den Ellbogen. Meist ging er barfuß. Ganz in seiner Nähe, ebenfalls im Schatten des Baumes, saß Maria. Mit der Spindel in der Hand wachte sie über ihr Kind. Sie trug eine malvenfarbige Tunika mit langen, engen Ärmeln. Ihre gescheitelten dunkelblonden Haare waren zu zwei Zöpfen geflochten und am Nacken zu einem zierlichen Knoten zusammengefasst. Sie hatte keinen anderen Schmuck als ihre jugendliche Schönheit und ihren lieblichen Gesichtsausdruck.

*Wie habt ihr euch mit dem nötigen Wasser versorgt?*

Wenn die Sonne sich über die nackte Landschaft senkte, zog ein wahrer Feuerbrand am Himmel hinter der fernen Pyramide auf. Maria nahm Jesus bei der Hand und ließ ihn von seiner Strohmatte aufstehen. Das Kind gehorchte ohne Widerstand, während seine Mutter das Spielzeug und die Matte zusammenraffte und ins Haus trug. Jesus trippelte zu der kleinen Ziege und warf ihr seine Ärmchen um den Hals. Das Tier meckerte und streifte sein Mäulchen an seiner Schulter. Maria trug einen langen Schleier auf dem Haupt und einen Krug in der Hand. Sie nahm Jesus beim Händchen und bemaß ihre Schritte nach denen ihres

Kindes, das an ihrer Seite trippelte. Beide gingen auf einem Pfad bis zum Rand eines bescheidenen Dorfes, wo es einen von ein paar schattigen Palmen umgebenen Brunnen gab. Dort trafen wir uns gewöhnlich, wenn ich von der Arbeit zurückkam. Sobald ich Jesus und Maria sah, beschleunigte ich meine Schritte. Auf der linken Schulter trug ich eine Säge. In der Hand hielt ich andere Werkzeuge. Jedes Mal schlug mir bei dieser täglichen Begegnung das Herz höher. Wir lächelten einander zu. Jesus gab Freudenschreie von sich, als er mich erblickte, und streckte seine Ärmchen nach mir aus. Ich beugte mich bis zu seiner Höhe nieder und reichte ihm einen Apfel. Das Kind stürzte sich in meine Arme und wir küssten uns herzhaft auf die Wangen. Es war jedes Mal eine Szene voller Zärtlichkeit. Wir näherten uns dem Quellhaus. Schnell war der Krug mit Wasser gefüllt. Zu Hause angekommen melkte ich die Ziege. Jesus beobachtete aufmerksam jeden meiner Handgriffe. Auch wie ich das Tier in seinen kleinen Stall brachte. Der Abend senkte sich über das Land. Das Rot des Sonnenuntergangs ging auf dem Sand ins Violett über. Die Luft schien vor Wärme zu zittern. Die Pyramiden wurden dunkler.

*Wie war eure Behausung innen eingerichtet?*

Sehr bescheiden. Aber wir fühlten uns wohl darin. Mit einer niedrigen Feuerstelle, ein kleiner Tisch, ein Schemel, ein Gestell mit Geschirr und zwei Öllampen.

*Was gab es bei euch zum Abendessen?*

Sobald es zu dunkeln begann, zündete ich eine Öllampe an. Auf meiner Hobelbank begann ich an kleinen Holzstücken für unser Kind Vögel zu basteln, während Maria das Abendbrot vorbereitete. Die Händchen auf die Bank gestützt und das Köpfchen zu mir gerichtet, beobachtete Jesus aufmerksam, was ich tat. Dann setzten wir uns auf den

*Ihre Wohnstätte war bescheiden, aber mit dem Nötigsten ausgestattet.*

Schemeln zu Tisch und dankten dem himmlischen Vater für seine guten Gaben. Maria hielt Jesus auf dem Schoß. Vor ihr stand eine Schale mit Ziegenmilch. Sie brach kleine Stückchen von ihrem runden Fladenbrot ab, tunkte sie in die warme Milch und steckte sie dem Kleinen in den Mund. Dann brachte sie gekochtes Molokhia-Gemüse und Artischocken von der offenen Herdstelle. Jesus knabberte genüsslich an seinem Apfel, den ich ihm mitgebracht hatte, und lächelte mir zu. Die Abend-Mahlzeit endete mit Datteln. Wein fehlte natürlich bei so einem bescheidenen

Nachtmahl. Aber der Raum strahlte einen großen Frieden aus. Selbst der Anblick eines prunkvollen Königspalastes hätte mir keinen so tiefen Eindruck vermitteln können.

*Wie lange bliebt ihr als Familie in Ägypten?*

Drei Jahre lang lebten wir als Asylanten, als politisch Verfolgte in der Fremde. Dann wurde alles besser. Wieder begann es damit, dass der Engel Gottes mir im Traum erschien. Zum dritten Mal tat er es. Und wieder hatte er eine Anweisung für mich als den Verantwortlichen für unsere kleine Familie.

*Und was trug der göttliche Bote dir auf?*

»Steh auf, nimm das Kindlein und seine Mutter mit dir und zieh hin in das Land Israel; sie sind gestorben, die dem Kindlein nach dem Leben getrachtet haben.« Herodes der Große war verblichen und sein Reich unter seine Söhne zerteilt worden. Was für ein Freudentag für uns! Endlich zurück in die Heimat! Nach Nazareth in Galiläa. Weil in Bethlehem und in ganz Judäa Archelaus herrschte, der Spross Herodes des Großen, hatte uns der Allmächtige angewiesen, dieses Gebiet zu meiden. Herodes herrschte gestern, heute war es Archelaus. Die Namen wechselten, nicht aber das Bedrohliche und Gefährliche. Und allem zum Trotz: Gegen die Macht der Liebe war kein Kraut gewachsen, wie wir es in der Bewahrung des Jesus-Kindes erleben durften. In Ägypten wurde Jesus ganz eins mit den Leiden und den Freuden seines Volkes und mit allen Menschen. Jesus als der neue Mose wurde zum Gegenpol des Gewalttäters Herodes. Jesus als das Flüchtlingskind, in dem sich jede menschliche Sehnsucht nach Heil erfüllt hat. Wo immer du dich auf dem blauen Planeten aufhältst, ist Jesus auch mit dir in der Fremde. Mit ihm darfst auch du aus der Verbannung ausziehen in das Land der ewigen Herrschaft Gottes.

## Ein Halbwüchsiger geht seinen eigenen Weg

Die Eltern Jesu gingen jedes Jahr zum Paschafest nach Jerusalem. Als er zwölf Jahre alt geworden war, zogen sie wieder hinauf, wie es dem Festbrauch entsprach. Nachdem die Festtage zu Ende waren, machten sie sich auf den Heimweg. Der Knabe Jesus aber blieb in Jerusalem, ohne dass seine Eltern es merkten. Sie meinten, er sei in der Pilgergruppe, und reisten eine Tagesstrecke weit; dann suchten sie ihn bei den Verwandten und Bekannten. Als sie ihn nicht fanden, kehrten sie nach Jerusalem zurück und suchten nach ihm. Da geschah es, nach drei Tagen fanden sie ihn im Tempel; er saß mitten unter den Lehrern, hörte ihnen zu und stellte Fragen. Alle, die ihn hörten, waren erstaunt über sein Verständnis und über seine Antworten. Als seine Eltern ihn sahen, waren sie voll Staunen und seine Mutter sagte zu ihm: Kind, warum hast du uns das angetan? Siehe, dein Vater und ich haben dich mit Schmerzen gesucht. Da sagte er zu ihnen: Warum habt ihr mich gesucht? Wusstet ihr nicht, dass ich in dem sein muss, was meinem Vater gehört? Doch sie verstanden das Wort nicht, das er zu ihnen gesagt hatte. Dann kehrte er mit ihnen nach Nazareth zurück und war ihnen gehorsam. Seine Mutter bewahrte all die Worte in ihrem Herzen. (Lk 2,41–51)

*Josef, als Jesus zwölf Jahre alt war, zogt ihr wie alljährlich zu den jüdischen Hochfesten von Nazareth nach Jerusalem in den Tempel. Inzwischen hatte sich das Jesus-Kind zu einem Teenager entwickelt. Kannst du mir beschreiben, wie der Zwölfjährige aussah?*

Er war ein schöner, hochgewachsener, wohlgestalteter und kräftiger Junge. Infolge seiner Statur wirkte er sogar etwas älter. Er reichte seiner Mutter bis an die Schultern. Die Augen waren groß. Mit einem Funken von Freude im Blick. Er trug ein weites, rubinrotes Wollkleid. Am Ende der weiten Ärmel und am Saum des bodenlangen Gewandes war eine Borte, einen Ton dunkler als das Gewand. Es war das Werk von Maria. Jesus trug schön angefertigte Sandalen mit einer Sohle und zwei Lederriemen. Sein dunkelblondes Haar war sehr dicht und die Farbe etwas satter als in den Kindertagen. Die bis auf die Schultern fallenden, gewellten Locken leuchteten kupferfarbig.

*Wie habt ihr euch vorbereitet für die Wallfahrt nach Jerusalem?*

Nach dem ersten Frühjahrsvollmond pilgerten wir alljährlich dorthin zum Passah-Fest, um die rituelle Erneuerung des Auszugs des Volkes Israel aus Ägypten zu feiern.

»Segne uns, Josef, bevor wir nach Jerusalem aufbrechen!«, sagte Maria und legte ihre Rechte auf die linke Hand Jesu. »Dein Segen wird ihn stärken und auch mir Kraft geben, wenn ich mich langsam von ihm losreißen muss«, fügte sie seufzend hinzu.

»Maria, Jesus wird immer dein Kind bleiben«, machte ich ihr Mut. »Du bist würdig, ihn ins Leben hinauszubegleiten!« Daraufhin nahm sie als Zeichen der Achtung und Liebe meine Hand und küsste sie. »Ich segne dich, du Begnadete, und Jesus mit dir«, begann ich, während ich die Arme über beide ausbreitete. »Der Herr beschütze und behüte euch. Er erbarme sich euer und schenke euch seinen Frieden! Der Herr gebe euch seinen Segen!« Die Stunde des Aufbruchs war gekommen! Maria nahm ein großes, dunkelrotes Tuch und legt es in Falten um die Taille ihres Sohnes. Sie liebkoste ihn dabei. Dann gingen wir aus dem Haus und machten uns auf den Weg.

*Seid ihr allein oder in der Gruppe weitergezogen?*

Bald gesellten sich zu uns andere Pilger. Außerhalb von Nazareth trennten sich die Frauen und Männer. Die Kinder konnten wählen, mit wem sie gehen wollten. Jesus blieb bei seiner Mutter. Wandernd sangen wir fröhlich Psalmen. Die Landschaft war frühlingshaft. Frische Felder, frische Wiesen, frische Blätter an den Mandelbäumen, die schon blühten. Gezwitscher der Vögel in den Bäumen. Klare Bächlein, in denen sich die Blumen an den Ufern spiegelten. Lämmer sprangen an ihren Mutterschafen hoch. Es herrschten Friede und Freude unter dem schönen Aprilhimmel. Die Stimmung war gelöst. Die dreitägige Wanderung von Galiläa nach Judäa inmitten eines Pulks von Verwandten, Freunden und Bekannten weckte bei aller Strapaze Glücksgefühle. Endlich mal raus, endlich ein Tapetenwechsel, endlich ein Durchbrechen des Alltags. Tagsüber genossen die Kinder diese besondere Zeit miteinander und streunten in dem langen Zug der Pilger mal nach vorne, mal nach hinten. Abends kamen die Familien wieder zusammen. Wir ruhten uns am Lagerfeuer aus, aßen gemeinsam, scherzten, unterhielten uns und fielen dann bald, von der langen Wanderung erschöpft, in einen tiefen Schlaf mit dem Sternenzelt über uns.

*Was geschah im Tempel, nachdem ihr Jerusalem erreicht hattet?*

Viele Menschen kamen zum Fest und gingen durch die Tore der Umfassungsmauer des Tempels. Sie durchschritten Vorhöfe, Innenhöfe und Säulengänge. Auch unsere

Reisegesellschaft erreichte den heiligen Ort, andächtig Psalmen singend. Zuerst alle Männer. Dann die Frauen. Ich trennte mich zusammen mit Jesus von der Gruppe. Im Vorhof der Männer beteten wir den Allerhöchsten an. Die Frauen waren auf einer tieferen Terrasse stehengeblieben.

*Hat Jesus im Tempel seine Bar Mitzwa gefeiert, wo er rituell als religiös volljährig erklärt wurde?*

Ja. Ich ging mit ihm durch die Höfe zurück in einen großen Raum und erklärte einem Leviten unser Anliegen. Dieser verschwand hinter einem gestreiften Vorhang. Nach einer Weile kehrte er mit einigen alten Priestern zurück.

Sie waren Lehrer der Gesetzeskunde und hatten die Aufgabe, die Gläubigen zu prüfen. Ich stellte ihnen Jesus vor. Gleichzeitig verneigten wir uns beide tief vor den zehn Gelehrten, die würdig auf niedrigen Holzschemeln saßen.

»Hier ist mein Sohn«, sagte ich. »Seit drei Monaten und zwölf Tagen hat er das Alter, das vom Gesetz für die Volljährigkeit vorgeschrieben ist. Ich bitte euch, gnädig und gerecht zu prüfen und zu beurteilen, ob das, was ich als Vater vorbringe, der Wahrheit entspricht. Ich habe ihn auf diese Stunde und für die Würde, ein Sohn des Gesetzes zu werden, vorbereitet. Er kennt die Gebote, die Überlieferungen, die Beschlüsse und das Brauchtum. Er kennt die täglichen Gebete und Segnungen. Er kann, da er das Gesetz als solches und in seinen Verzweigungen beherrscht, als Mann auftreten. Ich bitte daher, mich von der Verantwortung über seine Handlungen zu entbinden. Von nun an soll er dem Gesetz selbst verantwortlich sein. Prüft ihn!«

»Das werden wir tun. Tritt näher, Knabe! Wie ist dein Name?«

»Jesus des Josef von Nazareth.«

»Nazarener, kannst du lesen?«

»Ja, Rabbi. Ich kann die geschriebenen Worte lesen und verstehe, was sie aussagen.«

»Was willst du damit sagen?«

»Ich will damit sagen, dass ich auch die Bedeutung der Sinnbilder oder Symbole verstehe, die sich unter dem Äußeren verbergen, so wie sich die Perle in der rohen, verschlossenen Muschel versteckt.«

»Eine ungewöhnliche und sehr weise Antwort! Selten hört man so etwas von den Lippen Erwachsener, erst recht nicht von denen eines Knaben, und noch dazu eines Nazareners.« Die Aufmerksamkeit der Zehn war erwacht. Sie wendeten ihre Augen nicht mehr von dem blonden Knaben ab, der sie so sicher, so unbefangen und furchtlos anblickte.

»Du machst deinem Lehrer, der gewiss sehr klug war, Ehre«, bemerkte einer von ihnen. Und zu mir gewandt: »Du Glücklicher! Vater eines solchen Sohnes!« Ich verneigte mich tief und lächelte.

Die Schriftgelehrten gaben Jesus drei verschiedene Schriftrollen und sagten: »Lies jene, die mit dem goldenen Band verschlossen ist.« Jesus öffnete die Rolle und las. Es waren die Zehn Gebote. Doch nach den ersten Worten nahm ihm ein Richter die Rolle aus der Hand und sagte: »Fahre aus dem Gedächtnis fort!« Jesus fuhr fort. So sicher, als ob er ablese. Jedes Mal, wenn er den Namen Adonai, also Herr, nannte, verneigte er sich tief.

»Wer hat dich das gelehrt?«, fragte einer überrascht. »Warum tust du das?«

»Weil dieser Name heilig ist und mit einem inneren und äußeren Zeichen der Ehrfurcht ausgesprochen werden muss. Vor dem König, der nur für kurze Zeit herrscht, verneigen sich die Untertanen. Und doch ist er nur Staub. Sollte sich da nicht vor dem König der Könige, dem allerhöchsten Herrn Israels, dem allgegenwärtigen Gott, ein jedes Geschöpf verbeugen?«

»Bravo!«, rief einer der Gesetzeslehrer spontan aus. »Mann, wir raten dir, lasse deinen Sohn von Hillel oder Gamaliël unterrichten. Er ist zwar ein Nazarener, doch seine Antworten lassen hoffen, dass er ein großer Lehrer werden wird.«

»Der Sohn ist volljährig«, antwortete ich. »Er kann tun, was er will. Ich werde ihm nichts in den Weg legen, wenn das, was er möchte, ehrenhaft ist.« Nun wandte sich einer der Gesetzeskundigen wieder Jesus zu.

»Knabe, höre! Du hast gesagt: ›Vergiss nicht, die Feiertage zu heiligen!‹ Das gilt nicht nur für dich, sondern auch für deinen Sohn, deine Tochter, deinen Knecht, deine Magd und selbst für dein Zugtier. Allen ist es verboten, am Sabbat zu arbeiten! Nun sage mir: Wenn eine Henne am Sabbat ein Ei legt oder ein Schaf ein Junges bekommt, ist es dann erlaubt, diese Leibesfrucht zu verwenden oder ist sie als Schandtat anzusehen?«

Ohne lange zu überlegen, begann Jesus zu antworten: »Ich weiß, dass viele Rabbis sagen, dass ein am Sabbat gelegtes Ei gesetzwidrig sei. Doch ich denke, dass der Mensch etwas anderes ist als das Tier. Wenn ich das Tier verpflichte, am Sabbat zu arbeiten, dann begehe ich eine Sünde; denn ich zwinge es mit der Peitsche zur Arbeit. Aber wenn ein Huhn ein Ei legt oder ein Schaf am Sabbat ein Junges wirft, dann ist das keine Sünde. Darum sind in den Augen Gottes das Ei und das Lamm, die am Sabbat ans Licht treten, keine Sünde.«

»Wieso das, wenn doch eine jede Arbeit am Sabbat Sünde ist?«, bohrte der Alte nach.

»Weil Empfangen und Gebären vom Willen des Schöpfers abhängen und geregelt werden durch das von ihm in jedes Geschöpf gelegte Gesetz.«

Der Gesetzeslehrer schlug vor lauter Verwunderung die Hände zusammen. »Ich werde nicht weiter fragen. Die Weisheit des Jungen übersteigt die der Erwachsenen. Das ist wahrhaft erstaunlich.«

»Nein!«, widersprach ein anderer. »Er hat behauptet, auch die Symbole erklären zu können. Hören wir ihn an! Sag zuerst einen Psalm, die Segnungen und die Gebete! Auch die Gebote!«

Jesus rezitierte mit großer Sicherheit eine ganze Litanei von Vorschriften.

»Genug! Öffne nun die Schriftrolle mit dem grünen Band!« Jesus öffnete sie und wollte mit der Lesung beginnen. »Weiter vorne ... noch weiter ...« Jesus gehorchte. »Lies und erkläre!«

»Israel besitzt die Weisheit nicht mehr, die von Gott kommt«, begann Jesus mit ernster Stimme. »Ihn, nicht die armseligen Menschen muss man um Erleuchtung bitten.« Da sprang einer voller Zorn auf.

»Wir sollten die Weisheit nicht mehr kennen? Was sagst du da, Knabe? Und die sechshundertdreizehn Vorschriften?« Jesus blieb ganz ruhig.

»Die Vorschriften sind da. Aber es sind nur mehr Wörter. Die meisten Leute befolgen sie nicht. Deshalb kennen diese sie nicht. Jeder Mensch, jede Zeit muss den Herrn befragen, um seinen Willen zu verstehen und sich an ihn zu halten!«

»Der Knabe ist vollkommen. Nicht einmal die Schlinge der verfänglichen Fragen hat ihn verwirrt«, war das eindeutige Urteil. »Er soll in die Gemeinschaft der Synagoge aufgenommen werden!«

*Wie verlief diese Aufnahme?*

Gemeinsam gingen wir in einen größeren Raum. Hier kürzten sie Jesus zuerst einmal die Haare. Ich nahm die Locken an mich. Dann umgürteten sie sein rotes Gewand mit einem langen Gürtel, den sie mehrmals um seine Taille legten. Gebetsriemen, sogenannte Tefillin banden sie an seine Stirn und um den linken Arm. Darauf sangen sie Psalmen. Ich lobte den Herrn mit einem langen

Gebet und erbat Gottes Segen für unseren Sohn. Nach Beendigung der Zeremonie trafen wir mit den männlichen Verwandten zusammen. Sie kauften und opferten ein Lamm. Dann begaben wir uns zu den Frauen. Maria küsste Jesus. Sie betrachtete ihn lange mit dem veränderten Kleid. Mit den kurz geschnittenen Haaren sah er fast aus wie ein Mann.

*Wann habt ihr auf dem Nachhauseweg gemerkt, dass sich Jesus nicht mehr in der Reisegruppe befand?*

Ich nahm zunächst an, er habe sich der Gruppe seiner Mutter angeschlossen. Maria hingegen dachte, er sei mit mir unterwegs. Als wir aber feststellten, dass unser Sohn nicht in der Nähe war, bewahrten wir zunächst einmal die Ruhe und zogen weiter. Er war immerhin schon zwölf Jahre alt. Ein großer Junge, und vernünftig auch. Selbst wenn es besser gewesen wäre, er hätte uns Bescheid gesagt. Aber er würde schon bei seinen Cousinen oder Freunden aus Nazareth sein. Nachdem wir einen Tag nach Norden gewandert waren, stellten wir am Abend fest, dass Jesus nicht da war. Das ganze Lager durchforsteten wir auf der Suche nach ihm. Alle Verwandten und Nachbarn, die wir nach Jesus fragten, hatten ihn nicht gesehen und nur den Kopf geschüttelt, teils als Antwort, teils als Urteil über uns als solche Rabeneltern. Mit jedem Nein verwandelte sich unsere Besorgnis in nackte Angst. Wo war Jesus? Was war geschehen? Ging es ihm gut?

Schließlich, nachdem uns klar wurde, dass dies kein Versteckspiel war, machten wir uns beide noch in derselben Nacht auf den Weg zurück nach Jerusalem. Ein unglaubliches Horrorszenarium ging uns durch den Kopf. Vielleicht war ihm etwas zugestoßen. Oder hatten irgendwelche kriminellen Banden, die sich unter den Zug der Festpilger mischten, den Jungen entführt und verschleppt, um ihn in die Sklaverei zu verkaufen? Ich konnte die Angst in Marias Augen lesen. Ihr zurückgehaltener Schmerz und das offenkundige Zittern, das sie befiehl, ihr erbleichtes Antlitz und die weit geöffneten Augen erregten in mir mehr Mitleid als Tränen und Gejammer. Vergessen waren jetzt Müdigkeit und Hunger. Hatten wir doch schon eine Wegstrecke bis Al Bireh zurückgelegt. Es war schon gegen Abend. Bald brach die Nacht herein. All das kümmerte uns nicht. Jeder Schritt brachte uns Jerusalem näher.

Drei Tage lang durchkämmten wir die Hauptstadt. Wir waren zum Passah-Fest hergekommen. Für die Befreiung aus der Knechtschaft hatten wir zusammen mit vielen anderen dem Allmächtigen gedankt. Trotz der Besatzung durch die Römer. Trotz der Angst vor der bedrückenden Steuerlast hatten wir den Auszug aus Ägypten gefeiert und auf Gott gehofft. Dass er die Fesseln lösen und sein Volk freimachen sollte. Sollte der Befreier jetzt zulassen, dass unser Sohn abhandenkam? Und das noch im Verlaufe seines Passah-Fests? Das durfte doch nicht wahr sein! Wir hielten Karawanen und Pilger auf. Wir suchten alle Plätze ab, wo wir mit dem Knaben waren: die Unterkunft, den Imbiss, Bekannte ... Keine Spur! In einer großen Stadt wie Jerusalem gab es so viele und unterschiedliche Menschen aus allen Herren Ländern. Ein Junge konnte da leicht untergehen, sogar unter die Räder kommen. Von Stunde zu Stunde wurde es unwahrscheinlicher, dass wir ihn noch lebend sehen würden. Aber wie sollten wir ohne ihn nach Hause kommen?! Wir fragten weiter hektisch jeden Menschen, dem wir begegneten. Keiner wusste etwas. Wo, wo um Himmelswillen konnte Jesus nur sein? Ein Kind im Tempel zu suchen, schien uns sinnlos. Was sollte schon ein Halbwüchsiger im Tempel tun? Es hätte sich höchstens in der Stadt verlaufen können und mit weinender Stimme nach seiner Mutter gerufen, um so die Aufmerksamkeit der

Erwachsenen, besonders der Priester, auf sich zu ziehen. Wir riefen nach der Tempelpolizei und waren völlig vereinnahmt von der Frage: Wie finden wir unser Kind wieder? Wir baten sie, durch Anschläge an den Toren dafür zu sorgen, Jesus ausfindig zu machen. Doch wir fanden nirgends eine solche Bekanntmachung. Niemand wusste etwas von diesem Knaben: »Schön? Blond? Kräftig? Oh, solche gibt es viele! Zu wenig, um sagen zu können: Ich habe ihn gesehen. Er war da oder dort!« Wir durcheilten Höfe und Hallen. Nichts! Wir rannten nach allen Richtungen, von wo wir eine Knabenstimme zu vernehmen meinten. Selbst das Blöken der Lämmer kam uns wie Kinderweinen vor.

Dann, nach drei Tagen der Angst wollten wir nur noch beten. Am Besten im Tempel. Außerdem könnten wir uns bei den Gelehrten dort einen Rat holen. Sie kannten die Schrift und ihre Auslegung gut. Von Menschen und ihren Schicksalen verstanden sie sicher auch etwas. Auch in scheinbar ausweglosen Lagen wussten sie uns bestimmt ein Wort des Trosts und der Weisung zu sagen. Plötzlich hörten wir hinter einer Traube von Menschen seine Stimme: »Diese Steine werden erzittern.« Wir versuchten, uns durch die Menge zu drängen. Es gelang uns nach großer Mühe. Zu unserer Überraschung erblickten wir dort unseren Sohn. Unverletzt und ohne jede Aufregung. Da saß unser halbwüchsige Kind mit ausgebreiteten Armen auf einer Bank inmitten der Gelehrten und Studierenden und verblüffte sie zu allem Überfluss mit seinen Fragen und Antworten.

*Dass Jesus – zum Passah-Fest erstmals in der Hauptstadt – ausgerechnet den umständliche Lehr- und Schulungsbetrieb im Tempel so spannend fand, dass er alles um sich herum vergaß, war auch schon damals nicht alterstypisch. Heute tuscheln zwölfjährige Jungen bei längeren Reden von Lehrern und Pfarren mit Blick auf die Uhr im Smartphone: »Wann ist Pause?« Unterricht muss kurz und knackig sein. Bei Jesus war das offenbar anders.*

Religion war sein Lieblingsfach. Hier hatte er Feuer gefangen, sich Gedanken gemacht und konnte so die Lehrvorträge mit Gewinn verfolgen und sogar mitdiskutieren. »Woher hat er das? Und was ist das für eine Weisheit, die ihm gegeben ist?« (Mk 6,2), staunten die Leute in Nazareth, als er dort Jahre später in der Synagoge das Wort ergriff. Ihn jetzt im Tempel so zu sehen, sprengte alles, womit wir gerechnet hätten und löste sogleich Entsetzen bei uns aus.

Aber nicht wie ein Schüler zu Füßen der großen Lehrer Israels, um von ihnen zu lernen, sondern mitten unter ihnen als gleichberechtigter Gesprächsteilnehmer. Er hörte den klugen Männern zu, stellte selbst Fragen und legte dabei eine solche Weisheit an den Tag, dass Erstaunen und Erschrecken um sich griffen. Er saß mitten unter den Lehrern. So, als gehörte er dort hin; als wäre er nicht erst ein zwölf Jahre alter Junge, sondern schon ein Gelehrter, ein Mann Gottes. Die Lehrer hingen an seinen Lippen. Sie schienen, jedes Wort aufzusaugen, das er sagte. Sie diskutierten mit ihm und er hörte ihnen aufmerksam zu. Das gefiel nicht allen: Manche Lehrer fuhren Jesus ins Wort. Andere standen mit verschränkten Armen da und sahen den Jungen missmutig an. Doch viele Lehrer ermutigten ihn, weiterzusprechen. Sie stellten ihm immer neue Fragen. Der zwölfjährige Junge vom Dorf aus der galiläischen Provinz mit den Schriftgelehrten Israels auf Augenhöhe diskutierend. Eine Situation, die mitten in der Suche nach dem vermissten Kind das Außergewöhnliche seines Wesens aufblitzen ließ und der Situation eine ganz neue, unerwartete Wendung gab. Diesmal überwand Maria ihre gewohnte Zurückhaltung. Sie eilte zu Jesus. Dabei schien sie zunächst das Absonderliche der Situation gar nicht zur Kenntnis zu nehmen. Mit keiner Silbe nahm sie Bezug auf den im Tempel disputierenden Jesus. Stattdessen richtete sie den Vorwurf der besorgten Mutter an ihn: »Warum hast du uns das getan? Seit drei Tagen suchen wir dich. Ich sterbe vor Kummer, Sohn! Dein Vater ist erschöpft! Warum, Jesus?«

*Jesus saß mitten unter den Lehrern. So, als gehörte er dort hin; als wäre er nicht erst ein zwölf Jahre alter Junge, sondern schon ein Gelehrter, ein Mann Gottes.*

*Er erinnerte dich daran, dass du gar nicht sein richtiger Vater seist.*

Obwohl es keine Wiedersehensszene, keine Freudentränen und innige Umarmung von seiner Seite gab, brachte Jesus etwas ins Spiel, das uns aufgeregte Eltern nachdenklich verstummen ließ: »Wisst ihr nicht, dass ich sein muss in dem, was meines Vaters ist?« Diese Worte hatten es in sich. Da standen wir als Vater und Mutter vor ihm. Und Jesus sagte: »Ich bin hier bei meinem Vater!« Nämlich bei dem Gott Israels, der in diesem Tempel angebetet wird. »Ich muss hier sein. Hier gehöre ich hin. Wenn ich hier bin, bin ich nicht ungehorsam, sondern gehorsam!« Jesus berief sich auf einen Gehorsam, der über dem Gehorsam gegenüber den Eltern stand. Wir standen absolut sprachlos da. Seine Entgegnung klang nicht minder vorwurfsvoll: »Warum habt ihr mich gesucht?« Es war die Suche nach seinem himmlischen Vater, der ihn lehrte, wie er leben sollte, der ein vollkommenes Vorbild war, das ihn zur Identifizierung einlud. Damit machte uns Jesus eines deutlich: »Ich gehöre auf die Seite Gottes. Dorthin, wo der Bereich meines Vaters ist. Und welcher Ort könnte dies besser symbolisieren als der Tempel in Jerusalem, zentrale Stätte der Gottesbegegnung für den jüdischen Glauben? Ich bin berufen zu einer Sendung und ich erfülle sie. Über dem irdischen Vater und der leiblichen Mutter steht mein göttlicher Vater. Seine Interessen sind mir wichtiger als alle irdischen.« Mit dieser Aussage blitzte die andere, die göttliche Seite seines Wesens unerwartet auf. Maria hat diese Worte nie mehr vergessen. Die Sonne war in ihr Herz zurückgekehrt, während sie die Hand ihres Sohnes hielt. Sie würde nie mehr fragen: »Warum hast du uns dies angetan, mein Sohn?«

*Mit welchen Gedanken, mit welchen Gefühlen seid ihr als Eltern mit Jesus nach Nazareth zurückgekehrt?*

Da war in uns mehr als Freude und Erleichterung über das wiedergefundene Kind. Die Begegnung im Jerusalemer Tempel hat uns Jesus neu sehen gelehrt. Bei Maria hatten die Worte Jesu Verwunderung und Nachdenklichkeit ausgelöst. Sie bewahrte sie in ihrem Herzen.

*Das war also das glücklicher Ende der nervenaufreibenden Ausreißer-Geschichte. Da lief ein Teenager weg. Er schien schon verloren und wurde doch gefunden. Er begehrte auf und fügte sich dann ein. Könnte diese Geschichte des Verlierens und Wiederfindens auch mir etwas zu sagen haben?*

Das Finden ist wichtig. Das gilt auch für dich. Deine eigene Gabe zu finden und deine Aufgabe zu erkennen. Jesus versteht es, wenn du einmal weit weg bist von ihm und seiner Botschaft, wenn du ihn vielleicht sogar aus den Augen verloren hast. Er hat Verständnis dafür, dass du eigene Wege ausprobieren musst, bevor du zurückkommst und den Weg nach Hause antrittst. Er weiß genau, dass die Freiheit, das Eigene zu suchen und zu finden, unerlässlich für jeden Menschen ist. Das ist genau so wichtig wie Essen und Trinken, wie Liebe und Wärme und ein Dach über dem Kopf. Nicht das, was die anderen von dir erwarten: dass du den Beruf deiner Eltern erlernen und ihr Handwerk übernimmst und damit schon vorprogrammiert bist. Jammerschade wäre es, wenn du dir keinen Ausreißer leisteten würdest und immer brav dem entsprechen möchtest, was andere von dir erwarten. Letztlich zählt auch das nicht, was du selbst von dir erwartest: dass du es möglichst weit bringst im Erfolg oder Wohlstand. Es gibt etwas, das nur du kannst, wenn du dir zutraust, es zu beginnen: deine Berufung. Wenn du sie gefunden hast, wird sie dir ganz selbstverständlich erscheinen. Du wirst dich wundern und denken: »Wieso bin ich nicht vorher draufgekommen? Und warum haben die anderen das nicht längst verstanden?« Du bist einzigartig. Du hast etwas Besonderes mitbekommen, das es zu entfalten gilt.

## Eine gewöhnliche Familie wird zur Lebensschule des Gottmenschen

**Und weil er (Josef) im Traum einen Befehl erhalten hatte, zog er in das Gebiet von Galiläa und ließ sich in einer Stadt namens Nazareth nieder. Denn es sollte sich erfüllen, was durch die Propheten gesagt worden ist: Er wird Nazoräer genannt werden. (Lk 2, 22–23)**

*Josef, wie habt ihr nach der Rückkehr aus Ägypten in Nazareth als Familie gelebt?*

Jesus wuchs heran so liebreich wie ein Sonnenstrahl an einem regnerischen Tag. Mit fünf Jahren spielte er gerne in unserem Gärtchen vor dem Haus, wobei er kleine Vögelchen aus Lehm formte. Manchmal beobachtete ich ihn lächelnd auf der Schwelle unseres Hauses. Sobald Jesus mich sah, eilte er mir mit ausgebreiteten Ärmchen entgegen. Ich wischte ihm mit einem Zipfel meines kurzen Arbeitsschurzes die erdigen, nassen Händchen ab und küsste ihn. Ein lieblicher Dialog entwickelte sich zwischen uns beiden. Jesus erklärte mir, dass er eigentlich mit einem gesprungenen Topf den See von Genezareth basteln wollte, was ihm aber nicht recht gelang. Er wollte kleine Barken aus Blättern vom Stapel lassen für die Überfahrt ans andere Ufer. Aber das Wasser sei ihm weggeflossen. Ich hörte ihm interessiert zu, als ginge es um eine sehr wichtige Sache. Dann schlug ich vor, dass wir zusammen am nächsten Tag den kleinen See nicht mit einem gesprungenen Topf, sondern mit einem Becken aus gut geleimtem Holz machen würden. Auch richtige kleine Boote aus Holz wollten wir gemeinsam vom Stapel lassen. Dann zeigte ich ihm mein Schnitzmesser, damit er lerne, es zu gebrauchen.

»So werde ich dir helfen!«, sagte Jesus lächelnd.

»Ja, du kannst mir helfen und wirst ein tüchtiger Handwerker, der es versteht, mit Holz und Stein zu arbeiten. Komm, wir gehen in die Werkstatt.«

*In seiner Werkstatt zeigte Josef Jesus, wie man mit den Werkzeugen umgeht.*

Dort zeigte ich ihm meine Werkzeuge: einen Hammer, eine Säge, Schraubenzieher, einen Hobel.

»Schau! Um zu sägen, legt man das Holz so hin und achtet darauf, dass die Säge nicht mit den Fingern in Berührung kommt. Probiere jetzt du einmal!«

Jesus, rot vor Anstrengung, sägte mit gepressten Lippen und großer Aufmerksamkeit drauf los. Dann hobelte er ein kleines Brettchen glatt. Ich lobte den Kleinen und lehrte ihn, mit Geduld und Liebe zu arbeiten. Maria kam gerade vom Markt zurück. Sie schaute uns stillschweigend zu. Jesus hatte ihr bei seiner Arbeit den Rücken zugekehrt. Sie lächelte, als sie den Eifer sah, mit dem ihr Kind den Hobel handhabte. Jesus musste ihr Lächeln gespürt haben; denn er wandte sich um. Sofort eilte er ihr mit seinen halbgehobelten Brettchen entgegen und zeigte sie stolz seiner Mutter. Maria sprach ein großes Lob aus. Dann beugte sie sich nieder und richtete ihrem Kind die in Unordnung geratenen Locken zurecht, wischte ihm den Schweiß aus dem Gesicht und hörte weiter mit Interesse zu.

»Mama, ich werde dir ein Schemelchen machen, damit du es bei der Arbeit bequemer hast.«

Es waren unvergessliche Stunden, die Jesus an meiner Seite verbrachte. Spielerisch gewöhnte er sich an die Arbeit in meiner staubigen Werkstatt, die ihn allmählich zu einem großen Jungen heranreifen ließ. Seine stets tätige Mutter vergoldete mit ihrem liebevollen Lächeln unsere Arbeit.

*Wie sah euer Haus in Nazareth aus?*

Es bestand aus zwei Räumen. Der eine diente als meine Werkstatt, der andere als Wohnzimmer. Der hintere Teil war eine Art Wohngrotte, die auch als Vorratskammer und Schlafstelle geeignet war.

*Über dem Haus des Nährvaters Jesu steht heute die Josefskirche in Nazareth.*

Vor dem Haus saß Maria gewöhnlich am Webstuhl. Wenn sie mit der Nadel arbeitete, nähte sie Wollstreifen aneinander, die sie selbst gewoben hatte. Das sollte ein Mantel für mich werden. Im Hausgarten hatten wir Gemüse- und Blumenbeete angepflanzt. Dort standen auch ein Feigenbaum und ein Granatapfelbaum mit seinen vollen runden Früchten. Sie platzten schon vor Reife und zeigten ihre rubinroten saftigen Perlen, wie sie im Innern des grünroten Spaltes in gelb unterteilten Fächern angereiht waren. Die Bienen der zwei Bienenstöcke auf der Mauer summten und glänzten in der Sonne beim Hin- und Herschwirren.

Einmal beobachtete ich, wie unter den Bäumen Jesus mit zwei Knaben seines Alters spielte. Einer war schwarzhaarig. Ein Lockenkopf wie ein schwarzes Schaf, wodurch das weiße, runde Gesicht, in dem zwei große, tiefblaue, fast veilchenblaue Augen leuchteten, noch heller erschienen. Der andere hatte dunkelbraunes Haar und braune Augen. Auch die Haut war gebräunt. Sie spielten mit Jesus Käufer und Verkäufer. Auf kleinen Wägelchen hatten sie alle möglichen Dingen beladen: Blätter, Steinchen, Kügelchen, Hölzchen, Hobelspäne. Jesus war ein Kunde, der für seine Mutter einkaufte. Maria nahm die Einkäufe lächelnd entgegen. Nun wechselten sie das Spiel. Eines der Kinder schlug vor: »Spielen wir den Auszug aus Ägypten! Jesus ist Mose, ich Aaron und du bist Maria, die Schwester des Mose.«

»Aber ich bin doch ein Junge!«

»Das macht nichts. Du bist Maria und musst um das goldene Kalb tanzen, das dieser Bienenstock ist.«

»Ich tanze nicht. Ich bin ein Mann und will keine Frau spielen. Ich glaube nicht an Götzen und tanze nicht vor ihnen.«

Jesus vermittelte: »Spielen wir nicht diese Stelle, sondern die, in der Josua zum Nachfolger des Mose erwählt wird. So vermeiden wir die hässliche Szene der Götzenanbetung. Du wirst jetzt ein Mann und der Nachfolger vom Mose sein. Bist du zufrieden?«

»Ja, Jesus. Aber dann musst du sterben; denn Mose stirbt. Ich will nicht, dass du stirbst, da du immer so gut zu mir bist.«

»Alle sterben«, erklärte ihm Jesus. »Aber bevor ich sterbe, werde ich Israel segnen.«

Alle waren damit einverstanden. Die Kinder gingen in den Hintergrund des Gartens. Dort begannen sie die Prozession und schritten Psalmen rezitierend auf das Haus zu. Jesus ging voraus und sang mit silberhellem Stimmchen. Hinter ihm seine Cousins Judas und Jakobus. Sie trugen ein kleines Wägelchen, das die Bundeslade darstellen sollte. Wie echte Schauspieler schritten sie durch den langen Laubengang bis zur Tür, an der Maria saß.

Jesus sagte: »Mama, grüße die Bundeslade, die vorbeizieht.« Maria erhob sich lächelnd und neigte sich vor dem Sohn, der vom Licht der Sonne angestrahlt wurde. Dann begab sich Jesus zu einem kleinen Hügel. Er stieg hinauf und zitierte einen Hymnus und die Verheißungen Gottes.

Dann bezeichnete er den kleinen Judas als den Feldherrn Josua und rief ihn zu sich. Von dort aus segnete er ganz Israel in den beiden vor ihm auf dem Boden ausgestreckten Spielgefährten. Dann legte er sich ins niedrige Gras, schloss die Augen und tat so, als würde er sterben. Maria war lächelnd an der Tür stehengeblieben. Als sie ihn aber wie leblos daliegen sah, rief sie ängstlich: »Jesus, Jesus, steh auf! Bleib nicht so liegen! Deine Mutter möchte dich nicht tot sehen!« Jesus stand sofort auf, eilte zu ihr hin und küsste sie liebevoll. Auch Jakobus und Judas kamen und wurden von Maria liebkost.

»Wie kann Jesus diesen langen Hymnus behalten, der so schwierig ist und all die Segnungen?«, fragte Jakobus. Maria lächelte.

»Er hat eben ein gutes Gedächtnis und ist immer sehr aufmerksam, wenn ich vorlese.«

»Ich bin in der Schule auch aufmerksam. Aber ich werde mit der Zeit müde von all den Klageliedern und schlafe darüber ein.«

»Du wirst es auch lernen«, beruhigte sie den Kleinen.

Ein anderes Mal spielte Jesus mit anderen Kindern auf dem Dorfplatz. Plötzlich sah ich ihn im Schatten eines Baumes. Er hielt ein kleines Mädchen im Arm. Es hatte aufgeschlagene Knie und weinte bitterlich. Ich ging zu den beiden. Doch nach wenigen Schritten blieb ich verwundert stehen. Jesus wiegte das Kind in seinen Armen und sprach leise auf es ein. Es wurde immer ruhiger. Bis seine Augen zufielen und es einschlief. Dann hob er es hoch und trug es zu seinen Eltern. So viel Liebe ging von ihm aus.

*Was war das Einmalige an Jesus in Nazareth bis zu seinem zwölften Geburtstag?*

Jesus war ein Kind unter Kindern zusammen mit vier Cousins: Jakobus, Joses, Judas, Simon. Er war nicht ein kleiner Gott! Er wurde nicht auf einer Sänfte herumgetragen. Vor ihm verneigte sich niemand. Er zauberte auch nicht. Seine Kindheit spielte sich zwischen Werkbank und Schmiedefeuer in meinem Familienbetrieb ab.

*Aber trat Gottes Sohn in dem Kind Jesus nicht in Erscheinung? War er nicht schon in jungen Jahren so etwas wie ein religiöses Wunderkind? Ähnlich wie wir Mozart als Musik-Wunderkind bewundern?*

Der Allmächtige ist in dem bescheidenen Flecken Nazareth nicht wie ein Außerirdischer eingebrochen, sondern leise, behutsam und geduldig aufgetreten. Als Kind unter Kindern. Als Lehrjunge in meiner Werkstatt. Als Religionsschüler in der Synagoge. Er übersprang nicht den natürlichen körperlichen und geistigen Reifungsprozess eines Menschen. Mit dem Satz »Jesus nahm an Weisheit, Alter und Gnade bei Gott und den Menschen zu« wird diese Entwicklung zusammengefasst. So erlebte Jesus die Entwicklung vom Kind zum Erwachsenen. Er war Teil unserer jüdischen Familie, die ihren Glauben lebte und die Jahresfeste feierte. Jesus ordnete sich in das Alltagsleben unserer Familie ein. Er lebte in den engen und primitiven Verhältnissen der Kleinstadt Nazareth, in der es außer dem Sabbat-Gottesdienst, dem Unterricht in der Synagoge und dem jährlichen Pilgerzug nach Jerusalem keine Abwechslung gab, geschweige denn irgendeine Art von Begabtenförderung.

*Wie lebtest du deine Aufgabe als Haupt der kleinen Familie?*

Unbestritten und unbestreitbar erkannten Maria und Jesus meine Autorität an. Alles, wofür ich mich entschied, war für sie gut und wurde ohne Widerrede akzeptiert. Ich meinerseits versuchte dabei immer in einer demütigen

Haltung zu bleiben. Nie ein Missbrauch meiner Gewalt, nie ein widersinniges Wollen, das sich nur auf meine Autorität stützte. Maria war meine sanfte Ratgeberin. Von ihr bezog ich die Weisheit, die lichtvolle Führung in allen Lebenssituationen. So wuchs Jesus heran wie eine Blume unter dem Schutz zweier kräftiger Bäume: zwischen der Liebe seiner Eltern, die sich wie die Zweige über ihn ausbreitete, um ihn zu schützen und zu lieben.

## Der Adoptivsohn eines Bauhandwerkers wird zur Ikone Gottes

**Jesus aber wuchs heran und seine Weisheit nahm zu und er fand Gefallen bei Gott und den Menschen. (Lk 2,52)**

*Nach der Rückkehr vom Tempelauftritt des zwölfjährigen Jesus galt er in Nazareth als der Sohn des Zimmermannes (Mk 6,3). Im griechischen Urtext steht dafür Tekton. Was meinte eigentlich diese deine Berufsbezeichnung?*

Als mittelständischer Bauunternehmer errichtete ich nicht nur Häuser, grub Zisternen und legte Wasserkanäle an. Ich arbeitete vor allem mit Holz und Steinen. Als Tekton galt ich als der Allround-Handwerker in Nazareth mit seinen rund 400 Bewohnern. Diese benötigten auch Karren, Truhen, Türen, Fenster. Zu den Hauptaufgaben gehörte das Fertigen der großen Balken, die das Dach trugen, und der Stäbe des Auffanggatters für das Stroh.

Mein Handwerkszeug bestand aus Beil, Säge, Hammer, Schabeisen, Messschnur und Zirkel. Auch Geschmiedetes wie Feuerbecken, Backtröge und Beschläge konnte ich ebenfalls aus meiner Werkstatt liefern. Natürlich lernte damals der Sohn die Handwerkskunst seines Vaters. Kaum war Jesus alt genug, um Werkzeuge handhaben zu können, leitete ich ihn zur Arbeit an. Ich brachte ihm die Technik der Holzverarbeitung bei. Das Sägen, Hobeln, Schleifen, den kennerischen Blick für eine besondere Maserung. Oft sah ich ihn, wie er sich den Schweiß von der Stirn wischte, die Späne vom Werkstück blies und mit den Fingerspitzen die feine Glätte der Fläche betastete. So ist Jesus in dieser Schule des Menschlichen herangereift, indem er sich einer Berufsausbildung unterzog. Und er war sich nicht zu schade für die alltägliche Arbeit vom Morgen bis zum Abend. Er ehrte und heiligte damit das Leben mit all seinen Pflichten und Aufgaben gerade auch für diejenigen Menschen, die nicht im Rampenlicht standen, sondern unauffällig und bescheiden ihr Tagewerk erfüllten. Meine Liebe zu Maria half mir, Jesus zur Arbeit anzuspornen. Ich ließ ihn Gegenstände anfertigen, die für seine Mutter nützlich waren.

*Arbeitete euer Bauunternehmen »Josef & Sohn« auch bei der Errichtung der Entwicklungsstadt Zippori?*

Ja, auch an diesem ehrgeizigsten Bauprojekt jener Zeit waren wir beteiligt. Die Stadt lag nur sechs Kilometer von Nazareth entfernt. Und dort wurde jede Hand gebraucht, zum Beispiel bei dem Bau des römischen Theaters oder der Synagoge.

*Auch beim Aufbau der Entwicklungsstadt in Zippori halfen Vater und Sohn mit.*

*Nach der Begegnung im Tempel kehrte Jesus ohne Murren mit euch nach Hause zurück. Fast klingt das so, als wäre nichts passiert. Ich wundere mich immer, wenn es heißt: »Und er ging mit ihnen hinab und kam nach Nazareth und war ihnen untertan.« Ein ganz normaler zwölfjähriger Junge, der seinen Eltern nun wieder gehorcht. Merkwürdig, oder nicht?*

Ab seinem zwölften Lebensjahr machte Jesus einen nachhaltigen Entwicklungssprung. Er nahm menschlich wahr, wer er ist. Er spürte sein inneres Einssein mit dem Allmächtigen. Die Gottesunmittelbarkeit, die ihn in Jerusalem zum ersten Mal durchdrungen hatte, bewegte ihn dazu, vom traditionellen Lebenskonzept abzuweichen. Als beispielsweise die jungen Männer um ihn herum im Alter von 18 bis zwanzig Jahren heirateten, blieb er ehelos. Anstatt im ererbten Beruf zu bleiben, verließ er Nazareth. Er würde sich von seiner Familie distanzieren und sich eine neue Familie suchen: Menschen, die ihm nachfolgten und das Wort Gottes mit ihm verbreiteten.

*Ich kann mir vorstellen, dass du und Maria darunter gelitten habt. Auch ich als Familienvater tue mir manchmal schwer, so einfach meine Kinder gehen zu lassen. Ich mache mir Sorgen um sie und spreche viele Gebete zu Gott, dass er sie bewahre. Wie kann ich mich dabei so ganz in deinem Sinne verhalten?*

Ermutige sie, neue Wege zu gehen. Ändere deine vielleicht etwas eingefahrene Sichtweise. Warum nicht einmal darauf vertrauen, dass ihr Projekt gelingt, ohne dabei alle Schritte begleiten und kontrollieren zu wollen? Warum nicht einmal einem Kind zuhören, wie es von seiner Welt erzählt, ohne es gleich zu korrigieren oder zu belehren? Wenn du dich darauf einlässt, erkennst du, wie viel dir dadurch geschenkt wird. Die Welt wird bunter, weil du sie mit den Augen deiner Kinder sehen darfst.

*Wie sah deine Werkstatt aus?*

Die Wände auf der Nord- und Westseite bestanden als Teile einer natürlichen Grotte aus Felsgestein. Die anderen beiden Seiten waren wie üblich aus Mauerwerk. An der Nordseite hatte ich in einer Einbuchtung des Felsens eine Feuerstelle angelegt, auf der ein Pfännchen mit Leim oder Lack stand. Das seit Jahren hier verbrannte Holz hatte die Wand geschwärzt. Ein Loch in der Wand, überdeckt mit einem großen, gewölbten Ziegelbogen, diente als Abzugskamin.

*Konntest du mit Jesus noch lange zusammenarbeiten?*

Eigentlich nicht. Es ging alles ganz schnell. Jesus arbeitete an einer Hobelbank. Er trug eine kurze, dunkelbraune Tunika. Die Ärmel hatte er bis über die Ellbogen aufgestülpt. Vorne trug er eine Art Schürze. Er arbeitete fleißig und mit Sorgfalt. Keine ungeordneten, ungeduldigen Bewegungen. Nichts ärgerte ihn. Weder ein Ast im Holz, noch der Rauch, der seine Augen reizte. Während er eines Tages beschäftigt war, Teile eines Radreifens zusammenzusetzen, kam seine Mutter herein. Da die Tür zum nebenliegenden Raum offenstand, wo ich mich nach einem Schwächeanfall niedergelegt hatte, konnte ich alles beobachten. Eilig ging Maria auf Jesus zu. Sie trug ein dunkelblaues Kleid. In der Taille mit einer gleichfarbigen Kordel gegürtet. Ihr Haupt war unbedeckt. Sie griff mit beiden Händen nach seinen Armen. In einer Bewegung, die schmerzerfüllt nach Hilfe suchte.

»Oh, Jesus, komm, komm! Es geht ihm schlecht«, erklärte sie ihm mit bebenden Lippen. Tränen glänzten in ihren geröteten, müden Augen. Jesus sagte nur: »Mama!«

Doch in diesem einen Wort war alles enthalten. Dann traten sie zu mir an mein Lager.

Dort lag ich auf Kissen gestützt. Sterbensmüde. Totenbleich. Die Augen erloschen. Meine Brust keuchte. Maria ging an meine Linke, nahm die raue, an den Nägeln bläuliche Hand, küsste und liebkoste sie. Mit einem Tüchlein trocknete sie mir den Schweiß, der an den eingefallenen Schläfen glänzte. Sie befeuchtete meine Lippen mit einem in Weißwein getauchten Tüchlein. Jesus stellte sich auf meine rechte Seite. Er hob schnell und sorgfältig meinen eingesunkenen Körper und legte ihn sanft auf die Kissen zurück. Dann strich er mir über die Stirn und suchte mich zu ermutigen. Maria weinte still, lautlos. Tränen rollten über ihre bleichen Wangen. Bei so viel fürsorgender Liebe erholte ich mich ein wenig und schaute Jesus an. Er reichte mir die Hand, wie um mir etwas zu sagen. Als sollte ich durch diese Berührung Kraft finden für die letzte Prüfung. Er beugte sich über mich und küsste meine Hand. Ich versuchte zu lächeln. Dann tastete mein Blick zu Maria. Auch ihr lächelte ich zu. Sie kniete vor dem Lager nieder und versuchte mein Lächeln zu erwidern. Es gelang ihr schlecht. Ich legte ihr meine Hand auf das Haupt. Gleich einem Segen. Es war ganz still im Raum. Man hörte nur den Flügelschlag und das Gurren der Tauben, das Rascheln der Blätter, das Quirlen des Wassers und meinen schweren Atem.

Jesus ging um das Lager herum, nahm einen Schemel und ließ Maria sich hinsetzen. Er sagte nur: »Mama!« Dann kehrte er an seinen Platz zurück und nahm wieder meine Hand in seine Hände. Während er sich über mich neigte, flüsterte er einen Psalm: »Der Herr ist mein Erbanteil, er reicht mir den Becher, du bist es, der mein Los hält. Die Messschnur fiel mir auf liebliches Land. Ja, mein Erbe gefällt mir. Ich preise den Herrn, der mir Rat gibt, auch in Nächten hat mich mein Innerstes gemahnt. Ich habe mir den Herrn beständig vor Augen gestellt, weil er zu meiner Rechten ist, wanke ich nicht. Darum freut sich mein Herz und jubelt meine Ehre, auch mein Fleisch wird wohnen in Sicherheit. Denn du überlässt mein Leben nicht der Totenwelt; du lässt deinen Frommen die Grube nicht schauen. Du lässt mich den Weg des Lebens erkennen. Freude in Fülle vor deinem Angesicht, Wonnen in deiner Rechten für alle Zeit« (Ps 16,5–11). Als ich das hörte, lebte ich innerlich auf, lächelte Jesus mit einem lebendigeren Blick zu und drückte ihm die Finger. Jesus antwortete mir mit einem Lächeln und fuhr fort: »Wie liebenswert ist deine Wohnung, du Herr der Heerscharen! Meine Seele verzehrt sich in Sehnsucht nach den Höfen des Herrn. Mein Herz und mein Fleisch, sie jubeln dem lebendigen Gott entgegen. Wie freundlich ist deine Wohnung, oh Herr der himmlischen Heerscharen! Meine Seele sehnt sich, ja schmachtet nach den Vorhöfen des Herrn. Nach deinen Altären sehne ich mich, oh Herr. Selig, die wohnen in deinem Haus! Selig der Mensch, der deiner Kraft sich erfreut, wenn er sich rüstet zu heiliger Fahrt aus dem Tal der Tränen zum auserwählten Ort« (Ps 84,2–6.13).

»Du hast alles getan für diese Stunde, und mein Vater im Himmel wird es dir lohnen«, fügte Jesus hinzu und wischte eine Träne der Freude ab, die langsam über meine eingefallene Wange rollte. »Der Ewige hat dich zum Beschützer seines Sohnes gemacht. Danke! Du warst mir ein guter Vater auf dieser Erde. Du warst für mich die brennende Fackel. Geh in Frieden, Vater! Geh freudig ein in deine Ruhe!« Maria weinte in die Decken, die sie über mich gebreitet hatte, weil ich fröstelte. Jesus tröstete sie, da mein Atem immer schwerer wurde und mein Blick sich verschleierte. Jesus betete mit fester Stimme weiter: »Selig der Mann, der fürchtet den Herrn und Freude hat an seinen Geboten. Seine Gerechtigkeit währt von Jahrhundert zu Jahrhundert. Den Guten erstrahlt er als Licht in der Finsternis. Milde ist er, gerecht und barmherzig. Das

Andenken des Gerechten währt in Ewigkeit. Du hast auf den Herrn gehofft. Du hast zu ihm deine Stimme erhoben. Er wird dich erhören. Er wird mit dir sein in deiner letzten Trübsal und dich verherrlichen nach diesem Leben, in dem du bereits sein Heil geschaut hast.«

*Josefs Ende stand bevor. Maria liebkoste ihn. Jesus saß am Rand seiner Liegestatt und hielt ihn, den Sterbenden, umschlungen, der nun zusammensank und sein Leben in die Hände des Allmächtigen übergab.*

Die Stimme von Jesus hatte sich gehoben, um meinen Geist zu erreichen, der schon vom Nebel des Todes umfangen war. »Geh, Vater! Mein Segen möge dich begleiten!«

Mein Ende stand bevor. Maria liebkoste mich. Jesus saß am Rand meiner Liegestatt und hielt mich, den Sterbenden, umschlungen, der ich nun zusammensank und mein Leben in die Hände des Allmächtigen übergab.

# Epilog

Josef von Nazareth. Geliebt im Gottesvolk und von den Päpsten zum Schutzpatron der Kirche erhoben. Neben der Gottesmutter gilt er als der größte Heilige der katholischen Kirche. Dabei fehlen ihm auf den ersten Blick die Merkmale anderer großer Gestalten. Er ist kein Märtyrer wie Maximilian Kolbe, er ist kein Kirchenlehrer wie Thomas von Aquin, er hat keinen Orden gegründet wie Franziskus von Assisi, er war kein Mystiker wie Katharina von Avila. Als ein Mann der Tat braucht er für sich keine Werbung zu machen. Zahllose Klöster und Bruderschaften stehen unter seinem Schutz. Überlieferte Zeugnisse seiner Verehrung im deutschsprachigen Raum gibt es seit dem Jahr 850. Papst Sixtus IV. erklärte 1479 den 19. März zum offiziellen Festtag des Heiligen. Papst Pius XII. hat 1955 für den 1. Mai den seit 1889 als »Kampftag der Arbeiter« begangenen Tag als Zeichen der Aussöhnung mit der Arbeiterschaft eingeführt. Damit soll der Heilige geehrt, aber auch die Würde der menschlichen Arbeit bewusstgemacht werden. Zudem wurde er von Papst Johannes XXIII. neben der Gottesmutter Maria zum besonderen Schutzpatron des Zweiten Vatikanischen Konzils bestimmt. Dass ihn Papst Franziskus zum »Man of the Year« machte, finde ich einfach genial. Weil er in Josef von Nazareth einen Mann sieht, der Verantwortung übernimmt für Leben und Schöpfung. Weil er für den Papst ein Vorbild der Christen im Nahen Osten ist, die trotz des Exils und der Flucht nie den Mut verloren haben. Deshalb nennt er Josef den Patron der Flüchtlinge. Zimmerleute stellen sich unter seinen besonderen Schutz. Ebenso die Holzfäller, Tischler, Handwerker, Arbeiter. Josef wird angerufen bei Augenleiden, in Versuchungen und Verzweiflung, bei Wohnungsnot, bei der Suche nach dem richtigen

Ehepartner und für einen guten Tod. Der heilige Josef ist so beliebt, weil er für Bodenständigkeit und Demut steht. Er ist ein Vorbild für die Heiligkeit im Alltag. Er überfordert nicht, sondern macht Mut, einen unspektakulären, aber gottgefälligen Weg zu beschreiten, oder wie es Johannes XXIII. einmal so ausgedrückt hat: »Seine Heiligkeit beruht nicht auf Aufsehen erregenden Taten, sondern auf Kleinigkeiten, die in den Augen der Welt als Lappalien erscheinen.«

Modern ausgedrückt könnte man Josef als den »Fluchthelfer« bezeichnen, der die »Esel-Kirche« aus dem Dreck zieht, der auch heute den Mächtigen, Gewalttätigen und Besserwissern ein Schnippchen schlägt und kerzengerade »sein Ding« durchzieht, wenn es um den Gottmenschen Jesus geht. Als starker und achtsamer Mann führt er das geduldige Lasttier Kirche an der Leine. Entschlossen geht er aus der Gefahrenzone und hat nur Augen für das Kind, in dem Gott Mensch geworden ist und damit potenzielles Opfer von Gewalt. In der Tat steckt die Kirche fest in lebensbedrohlichen Zusammenhängen. Manche sehen in ihr nur noch einen nichtsnutzigen, alten Esel, der den Gnadenschuss verdient hat. Aber der alte Esel geht weiter voran. Er trägt auf seinem Rücken den, den Himmel und Erde nicht fassen können. Josef erinnert uns, dass heute nicht die Zeit ist, von der Gunst der Mächtigen zu profitieren. Sondern, dass es an der Zeit ist, in der Stille zu wachsen und dann aus der Fremde zurückzukehren und Jesus als den Herrn über Himmel und Erde groß sein zu lassen. Heiliger Josef, bitte für die Kirche!

# Quellenangaben

Apostolisches Schreiben »Patris corde« von Papst Franziskus (8. Dezember 2020)

Maria Valtorta: Verborgenes Leben Jesu – Der Gottmensch, Bände I bis XII, Parvis, 2012.

Neues Testament in der Einheitsübersetzung 2016

Das Pseudo-Matthäus-Evangelium

Das Protevangelium des Jakobus

Das Lateinische Kindheitsevangelium

Das arabische Kindheitsevangelium

# Bildnachweise

Karl-Heinz und Louisa Fleckenstein

## Der Autor

Karl-Heinz Fleckenstein, geboren in Krombach bei Aschaffenburg (Deutschland), studierte katholische Theologie in Würzburg und München und arbeitete als Chefredakteur der deutschsprachigen Ausgabe der internationalen Monatszeitschrift NEUE STADT.

Im Jahre 1981 siedelte er nach Jerusalem über. Er ist mit Louisa Fleckenstein, geb. Hazboun, verheiratet. Sie haben drei Kinder.

Fleckenstein absolvierte eine Fachausbildung am Institut STUDIUM BIBLICUM FRANCISCANUM in Jerusalem in Biblischer Theologie und Christliche Archäologie mit dem Erwerb des Masters.

Nach seiner Dissertation in Biblischer Theologie an der Lateran-Universität in Rom arbeitet der mehrfache

Autor und Journalist zusammen mit seiner Frau Louisa als Reiseleiter für Pilgergruppen im Heiligen Land.

Von 2001 bis 2005 war er ebenfalls mit Louisa Gesamtkoordinator und Ausgräber für das archäologische Ausgrabungsprojekt Emmaus-Nicopolis tätig.